칵테일과 레코드

안드레 달링턴·테나야 달링턴 지음 | 제이슨 바니 사진 | 권루시안 옮김

BOOZE AND VINYL

권루시안 옮김
편집자이자 번역가로서 다양한 분야의 다양한 책을 독자에게 아름답고 정확한 번역으로 소개하려 노력하고 있다. 옮긴 책으로는 『과학을 만든 사람들』(진선출판사), 에릭 해블록의 『뮤즈, 글쓰기를 배우다』(문학동네), 데이비드 크리스털의 『언어의 죽음』(이론과실천) 등이 있다.

칵테일과 레코드

인쇄 – 2023년 11월 14일
발행 – 2023년 11월 21일
지은이 – 안드레 달링턴·테나야 달링턴
옮긴이 – 권루시안
발행인 – 허진
발행처 – 진선출판사(주)
편집 – 김경미, 최윤선, 최지혜
디자인 – 고은정, 김은희
총무·마케팅 – 유재수, 나미영, 허인화
주소 – 서울시 종로구 삼일대로 457 (경운동 88번지) 수운회관 15층
　　　　전화 (02)720-5990　팩스 (02)739-2129
　　　　홈페이지 www.jinsun.co.kr
등록 – 1975년 9월 3일 10-92

＊책값은 뒤표지에 있습니다.
ISBN 979-11-93003-29-9 13590

BOOZE & VINYL: A Spirited Guide to Great Music and Mixed Drinks
Copyright ⓒ 2018 by André Darlington and Tenaya Darlington
Korean Translation Copyright ⓒ 2023 by Jinsun Publishing Co., LTD.

Korean edition is published by arrangement with Running Press, an imprint of Perseus Books, LLC. a subsidiary of Hachette Book Group Inc., New York, New York, USA through Duran Kim Agency. All rights reserved.

이 책의 한국어판 저작권은 듀란킴 에이전시를 통한 저작권자와의 독점 계약으로 진선출판사가 소유합니다. 신 저작권법에 의하여 한국 내에서 보호를 받는 저작물이므로 무단전재와 무단복제를 금합니다.

모든 곳의 음악 애호가에게,
특히 이 책의 첫 코드를 소리 낼 수 있도록
우리에게 영감을 준 제프 스트레길과
샤메인 캐슬에게 바칩니다.

To Music Lovers Everywhere;
Especially Jeff Streciel and Charmaine Castle; who inspired us to strum the first chords of this project.

MUSIC IS
THAT FILLS THE

THE WINE CUP OF SILENCE.

음악은 침묵의 잔을 채우는 와인이다.

— 로버트 프립 ROBERT FRIPP

CONTENTS

본질의 소리 8

이 책의 구성 10

술이 있는
리스닝 파티를 여는 법 11

2가지, 3가지 재료로 만드는
맛있는 칵테일 12

1. 록 14

Sticky Fingers (1971):
롤링 스톤스 18

IV (1971):
레드 제플린 21

Born to Run (1975):
브루스 스프링스틴 25

A Night at the Opera (1975):
퀸 26

Ramones (1976):
라몬즈 28

Lust for Life (1977):
이기 팝 32

The Cars (1978):
더 카스 34

London Calling (1979):
더 클래시 36

Unknown Pleasures (1979):
조이 디비전 38

Back in Black (1980):
에이시/디시 40

License to Ill (1986):
비스티 보이즈 42

Appetite for Destruction (1987):
건즈 앤 로지스 44

Odelay (1996):
벡 46

White Blood Cells (2001):
화이트 스트라이프스 49

2. 댄스 54

Live at the Apollo (1963):
제임스 브라운 앤 더 페이머스 플레임스 ·· 58

Saturday Night Fever Soundtrack
(1977):
여러 아티스트 60

Parallel Lines (1978):
블론디 62

Remain in Light (1980):
토킹 헤즈 66

Thriller (1982):
마이클 잭슨 68

Like a Virgin (1984):
마돈나 70

Purple Rain (1984):
프린스 74

Rum Sodomy & the Lash (1985):
더 포그스 76

Raising Hell (1986):
런 디엠씨 78

3 Feet High and Rising (1989):
데 라 소울 80

Low End Theory (1991):
어 트라이브 콜드 퀘스트 82

Debut (1993):
비요크 84

The Miseducation of Lauryn Hill (1998):
로린 힐 87

The Fame Monster (2009):
레이디 가가 89

3. 칠(CHILL) 92

Elvis' Christmas Album (1957):
엘비스 프레슬리 96

King of the Delta Blues Singers (1961):
로버트 존슨 99

Sgt. Pepper's Lonely Hearts Club Band
(1967):
비틀즈 102

I Never Loved a Man
(The Way I Love You) (1967):
아레사 프랭클린 104

The Velvet Underground & Nico (1967):
벨벳 언더그라운드 106

At Folsom Prison (1968):
조니 캐시 110

Bridge Over Troubled Water (1970):
사이먼 앤 가펑클 112

Tapestry (1971):
캐럴 킹 114

The Rise and Fall of Ziggy Stardust and the Spiders from Mars (1972):
데이비드 보위 · · · · · · · · · · · · · · · · 116

The Dark Side of the Moon (1973):
핑크 플로이드 · · · · · · · · · · · · · · · · 119

Closing Time (1973):
톰 웨이츠 · 124

Blood on the Tracks (1975):
밥 딜런 · 126

Hotel California (1976):
이글스 · 128

Running on Empty (1977):
잭슨 브라운 · · · · · · · · · · · · · · · · · · 132

40 Greatest Hits (1978):
행크 윌리엄스 · · · · · · · · · · · · · · · · 134

Legend (1984):
밥 말리 앤 더 웨일러스 · · · · · · · · · · 137

The Joshua Tree (1987):
유투 · 139

Automatic for the People (1992):
알이엠 · 141

MTV Unplugged in New York (1993):
너바나 · 143

Doggystyle (1993):
스눕 도기 독 · · · · · · · · · · · · · · · · · 146

Buena Vista Social Club (1997):
부에나 비스타 소셜 클럽 · · · · · · · · · 148

In the Aeroplane over the Sea (1998):
뉴트럴 밀크 호텔 · · · · · · · · · · · · · · 150

Car Wheels on a Gravel Road (1998):
루신다 윌리엄스 · · · · · · · · · · · · · · · 152

Yankee Hotel Foxtrot (2002):
윌코 · 154

Turn on the Bright Lights (2002):
인터폴 · 158

Back to Black (2006):
에이미 와인하우스 · · · · · · · · · · · · · 160

Vampire Weekend (2008):
뱀파이어 위켄드 · · · · · · · · · · · · · · · 162

4. 유혹 · · · · · · · · · · · · · · 164

In the Wee Small Hours (1955):
프랭크 시나트라 · · · · · · · · · · · · · · · 168

Kind of Blue (1959):
마일스 데이비스 · · · · · · · · · · · · · · · 172

Pet Sounds (1966):
비치 보이스 · · · · · · · · · · · · · · · · · · 174

The Doors (1967):
도어스 · 177

Songs of Leonard Cohen (1967):
레너드 코언 · · · · · · · · · · · · · · · · · · 179

Hot Buttered Soul (1969):
아이작 헤이스 · · · · · · · · · · · · · · · · 182

After the Gold Rush (1970):
닐 영 · 185

Blue (1971):
조니 미첼 · 186

What's Going On (1973):
마빈 게이 · 188

Greatest Hits (1975):
알 그린 · 192

Songs in the Key of Life (1976):
스티비 원더 · · · · · · · · · · · · · · · · · · 194

The Queen Is Dead (1986):
더 스미스 · 196

Disintegration (1989):
더 큐어 · 200

OK Computer (1997):
라디오헤드 · · · · · · · · · · · · · · · · · · · 202

For Emma, Forever Ago (2007):
본 이베어 · 204

5. 바의 비전 · · · · · · · · · 206

집에서 근사한 칵테일을 만드는 법 · · · · · · · 208

달걀 칵테일을 두려워 말라 · · · · · · · · · · · · 210

그레나딘 시럽을
완전히 직접 만들어 써야 하는 이유 · · · · · 212

심플 시럽의 모든 것 · · · · · · · · · · · · · · · · 213

구비해 두면 좋은 바 기구 · · · · · · · · · · · · 214

다수의 손님을 위해
대량으로 칵테일을 준비할 때 · · · · · · · · · · 216

찾아보기 · · · · · · · · · · · · · 217

감사의 말씀 · · · · · · · · · · 224

본질의 소리

THE SOUND O

우리는 아버지의 토렌스 턴테이블로 레코드를 돌리며 자랐고, 성인이 된 뒤로는 대부분 함께 파티를 열고 음식 작가로서 마실거리를 취재하면서 살아왔다. 크래프트 칵테일 책(『새로운 칵테일의 시간 The New Cocktail Hour』)을 쓰고 클래식 영화와 거기 어울리는 칵테일을 소개한(『영화의 밤 메뉴-터너 클래식 영화 Movie Night Menus: Turner Classic Movies』에서) 뒤 우리 두 사람은 뭔가 더 구체적인 것으로 돌아가는 것이 좋겠다는 영감을 받았다. 바로 '리스닝 파티'이다. 우리 가족의 레코드 플레이어는 거실 한복판을 차지하고 있었고, 부모님의 엘피(LP) 음반 파티는 우리의 가장 즐거운 기억 속에 남아 있다. 촛불이 가물거리는 가운데 어른들이 진 토닉을 들고 여기저기 퍼져 있는 광경을 상상해 보라. 반쯤 어둑한 거실에서 아버지의 하이파이 앰프와 튜너가 어두운 고속도로를 달리는 자동차 운전대의 계기판처럼 빛을 머금었다. 우리는 음악에 에워싸여 압도되는 느낌이 좋았다. 지금도 우리는 문득문득 그 순간으로 돌아간다. 여러분은 친구들이 서로의 집에 놀러가 함께 엘피 음반을 듣던 때를 상상할 수 있는가? 그 시절이 돌아왔다.

엘피 레코드가 부활한 덕분에 '음악 감상'이 되살아났다. 앨범 하나를 처음부터 끝까지 튼다. 손에 마실거리를 들고 있으면 더욱 좋다. 매력적인 아날로그 소리뿐 아니라 그 시대에 대한 향수가 어우러진 엘피는 우리가 갈망하는 영원한 매력을 지니고 있다. 재킷 디자인, 빗소리 같은 잡음과 톡톡 튀는 소리가 빚어내는 시. 이런 것이 이어버드

엘피가 진짜다. 나는 늘 엘피 음반을 사지 않고는 그 앨범을 제대로

F SUBSTANCE

없이도 음악을 깊고 풍부하게 직접 경험하게 하는 요소이다. 이제 막 자신의 첫 엘피를 장만한 사람에게든, 평생 레코드판을 뒤지며 살아온 사람에게든, 이 책에서 고른 음악은 이제까지 녹음된 앨범 중 가장 매력적인 음반을 맛볼 수 있게 해 준다.

서 – 그리고 그냥 병에서 따르면서 – 이제까지 발매된 최고의 엘피 몇 가지와 아울러 완전히 새로운 차원의 음악을 감상할 준비를 하라. 제대로 된 마티니를 만드는 법을 모른다? 우리에게 맡겨라. 이 책 뒷부분에 소개한 몇 가지 팁과 기법이 있으면 여러분은 첫 앨범이 끝나기도 전에 칵테

> 소유하는 것이 아니라는 느낌이었다. — 잭 화이트(화이트 스트라이프스)

이 책은 시대를 초월한 음악과 칵테일을 동시에 즐기고 싶어 좀이 쑤시는 사람을 위한 것이다. 맥주와 샷을 즐기는 사람에게도, 캐비닛 가득 쿠프 잔을 가지고 있는 사람에게도, 이 책에서 소개하는 레시피는 여러분의 음악 경험을 고양시키기 위해 마련되었다. 2~3가지 재료로 만드는 간단한 것에서부터 각종 클래식 칵테일, 몇 가지 비교적 덜 알려진 보석 같은 것까지 다양하다. 그러므로 흔들고 저으면

일 마스터가 되어 있을 것이다.

엘피는 우리 영혼 속에 자리 잡고 있다. 어쩌면 향수나 음질 취향 또는 디지털 시대에 손에 잡히는 매체를 원하는 욕망 때문인지도 모른다. 또한 우리는 엘피가 다른 방식으로는 얻을 수 없는 경험을 제공하기 때문이라고도 생각한다. 술과 레코드를 함께 즐기는 활동이 다시금 활발하게 일어나고 있는 이때 여러분을 거기 초대하게 되어 기쁘다.

이 책의 구성

이 책에서 여러분은 1950년대부터 2000년대까지 새로운 시대를 연 앨범 70장을 접할 것이다. 우리는 이들을 분위기에 따라 록, 댄스, 칠(Chill), 유혹의 네 개 장으로 나누어 소개한다. 각 장에서 앨범은 발매 연도 순으로 나열했다. 각각의 앨범에는 A면과 B면 칵테일이 포함되어 있어, 앞면과 뒷면을 들으며 두 가지를 마실 수 있다. 앨범마다 아티스트와 앨범에 관한 해설이 있고, 파티를 위한 아이디어도 함께 소개함으로써('언제 틀까?') 앨범의 분위기에 맞춰 느긋한 바비큐 파티(160쪽)를 열거나 사진 촬영 댄스파티(91쪽)를 즐길 수 있다. 약간의 간식거리가 필요하다면 그것도 몇 가지 준비되어 있다.

최고의 리스닝 파티는 즐겁고 편안한 것이라는 점을 기억하자. 그러므로 마음껏 이것저것 바꿔 보고 섞어 보기 바란다.

술이 있는 리스닝 파티를 여는 법

이 책의 5장 '바의 비전'(206쪽)에는 흔드는 법, 젓는 법 등을 비롯하여 훌륭한 마실거리를 만드는 데 필요한 팁과 기법이 모두 소개되어 있다. 파티를 계획할 때 핵심은 미리 준비하는 것임을 기억하자. 준비한 얼음이 모자란 탓에 급히 가게로 달려가느라 음악 감상이라는 즐거움을 놓치고 싶지는 않을 것이다. 아래 사항을 점검한다.

- 유리잔을 냉동실에 넣어 차게 식힌다.
- 얼음은 잡내가 섞이는 일이 없도록 새로 얼린다.
- 필요한 준비물이 있으면 미리 꺼내 놓는다(셰이커, 칵테일 잔, 지거 등 – 214쪽에 소개한 바 기구 참조).
- 시트러스는 신선한 것으로 잘라서 즙을 낸다(몇 시간 전에 미리 준비).
- 틀고자 하는 앨범을 꺼내 순서대로 둔다.

최근 크래프트 칵테일에 대한 관심이 치솟으면서 조금 더 전문적인 기법이 널리 퍼지고 있다. 그러나 그 취지는 모두 한 가지이다. 바로 더 맛있는 칵테일! 아래 몇 가지 사항을 참고하자.

- 심플 시럽과 그레나딘 시럽을 직접 만들기 위한 레시피는 책 뒷부분(212~213쪽)에 있다.
- 우리는 칵테일에 데메라라 설탕을 사용한다. 맛이 풍부한 데다 일반 설탕보다 덜 가공되었기 때문이다. 물론 얼마든지 일반 백설탕을 써도 좋다.
- 이 책에서 '칵테일 잔'은 마티니나 쿠프 잔을 말한다(얼음 없이 내놓는다).
- 이 책에서 '1컵'은 240ml이다.
- 이 책에서 '대시'는 구체적으로 말해 ⅛작은술 정도인 한 방울에 해당한다.
- 레시피에 칵테일 재료를 거르도록 되어 있는 경우, 스트레이너를 이용하여 거른다(214쪽 참조).
- 주류 브랜드는 원래 레시피를 만든 사람이 그렇게 명시했을 때에만 표시했다.
- 칵테일에 마라스키노(체리) 리큐어가 필요한 경우, 우리는 룩사르도를 쓸 때 결과가 가장 좋았다.
- 대량의 칵테일을 준비하는 요령은 216쪽에 소개했다.

2가지, 3가지 재료로 만드는 맛있는 칵테일

간단하게 즐기고 싶은 때를 위해,
음악 감상과 잘 어울리는 칵테일 50여 가지를 여기 소개한다.

2가지 재료로 만드는 칵테일

갓파더 칵테일Godfather Cocktail (59쪽)
그레이하운드Greyhound (100쪽)
다크 앤 스토미Dark and Stormy (39쪽)
레이디 맥베스Lady Macbeth (91쪽)
민트 줄렙Mint Julep (142쪽)
버번 앤 브랜치Bourbon and Branch (135쪽)
버번 앤 커피Bourbon and Coffee (153쪽)

보일러메이커Boilermaker (25쪽)
브라스 멍키Brass Monkey (43쪽)
샌디Shandy (135쪽)
요르시Yorsh (145쪽)
위스키 스매시Whiskey Smash (31쪽)
제이머 앤 진저Jamo and Ginger (125쪽)
젤로 샷Jell-O Shots (31쪽)

진 앤 잇Gin and It (35쪽)
진 토닉Gin and Tonic (36쪽)
칼리모초Calimocho (or Kalimotxo) (160쪽)
프로제Frosé (105쪽)
플레임 오브 러브Flame of Love (81쪽)
헬스 벨스Hell's Bells (41쪽)

3가지 재료로 만드는 칵테일

가미카제Kamikaze (45쪽)
골드 러시Gold Rush (185쪽)
골든 캐딜락Golden Cadillac (63쪽)
나이트 트레인Night Train (59쪽)
뉴저지 칵테일New Jersey Cocktail (25쪽)
다이커리Daiquiri (149쪽)
더 큐어The Cure (201쪽)
더티 마티니Dirty Martini (33쪽)
데킬라 선라이즈Tequila Sunrise (20쪽)
드리미 도리니 스모킹 마티니
　Dreamy Dorini Smoking Martini (115쪽)
레드 와인 핫 초콜릿
　Red Wine Hot Chocolate (122쪽)
마르가리타Margarita (102쪽)

마타도르Matador (48쪽)
맨해튼Manhattan (170쪽)
벨벳 해머Velvet Hammer (190쪽)
뷰티 스폿Beauty Spot (71쪽)
사이드카Sidecar (82쪽)
샴페인 컵Champagne Cup (118쪽)
스톤 펜스Stone Fence (111쪽)
스프링 필링Spring Feeling (195쪽)
아크에인절Archangel (193쪽)
압생트 프라페Absinthe Frappé (160쪽)
엔드 오브 더 월드End of the World (36쪽)
오비추어리Obituary (199쪽)
올드 팔Old Pal (133쪽)
올드 패션드Old Fashioned (125쪽)

인터폴Interpol (159쪽)
잭 앤 코크(앤 쿠어스)
　Jack and Coke (and Coors) (20쪽)
진 앤 주스Gin and Juice (147쪽)
캐러부Caribou (205쪽)
캠프파이어 슬링Campfire Sling (185쪽)
큐어 로열Cure Royale (201쪽)
턱시도 칵테일Tuxedo Cocktail (170쪽)
티퍼래리 칵테일Tipperary Cocktail (77쪽)
피터 파이퍼The Peter Piper (79쪽)
핫 버터드 럼Hot Buttered Rum (183쪽)
행키 팽키Hanky Panky (193쪽)
화이트 플러시White Plush (133쪽)

이 장에서 소개하는 앨범은 모두 완전히 격정적이다. 록의 가장 위대한 순간에 도취되고 싶거나 약간의 공격성을 발산하고 싶을 때 이 음반들은 잠들지 못하는 우리 내면의 짐승을 해방시켜 준다.

라몬즈의 익살스러운 펑크부터 벡의 우주 카우보이 주크박스까지, 파티를 시작하고 집을 불태워 버릴 엘피 음반을 여기 모았다. 함께 마실 술로는 클래식한 **더티 마티니**(33쪽)를 비롯하여 **가미카제**(45쪽)처럼 간단한 것에서부터 출발하여 완전한 **위스키 시음회**(52쪽)까지 준비했다.

세련된 술은 빼고 싶은가? 부담 없는 맥주와 음료로 간단하게 준비하자. 「Born to Run」이 흘러나오는데 주방에서 칵테일이나 흔들며 시간을 보내고 싶은 사람은 없을 테니까. 신나는 드링크 스테이션을 차리고 싶은가? **에이시/디시 오픈 바**(41쪽)를 참고한다. 그리고 약간의 괜찮은 먹을거리를 원한다면 레드 제플린의 『IV』에 바늘을 올려놓고 그릴을 켠 다음 여기서 소개한 레시피대로 **레드 제플-로인**(24쪽)을 굽자!

롤링 스톤스 Rolling Stones
레드 제플린 Led Zeppelin
브루스 스프링스틴 Bruce Springsteen
퀸 Queen
라몬즈 The Ramones
이기 팝 Iggy Pop
더 카스 The Cars
더 클래시 The Clash
조이 디비전 Joy Division
에이시/디시 AC/DC
비스티 보이즈 Beastie Boys
건즈 앤 로지스 Guns N' Roses
벡 Beck
화이트 스트라이프스 The White Stripes

STICKY FINGERS
ROLLING STONES

아티스트 롤링 스톤스Rolling Stones   앨범 Sticky Fingers (1971)   장르 로큰롤, 블루스   언제 들까? 술이 있는 브런치

앨범 해설

이 음반은 끈적끈적 더럽다. 청바지 차림의 가랑이를 보여 주는 앤디 워홀Andy Warhol의 앨범 표지에서부터 수상쩍은 가사에 이르기까지 『Sticky Fingers』는 허세와 천박함을 꾹꾹 눌러 담았다. 롤링 스톤스의 아홉 번째 정규 앨범이자 리더 브라이언 존스Brian Jones가 죽은 뒤 내놓은 첫 앨범 음악에 맞춰 몸을 으쓱으쓱 앞뒤로 옆으로 흔들 준비를 하자. 힌두교 여신 칼리에 착안하여 디자인한 스톤스 특유의 입술 로고가 처음 등장한 것 또한 이 앨범이다. 절정기의 스톤스에 온 것을 환영한다. 저 야생마에 훌쩍 올라타자!

바늘을 올리기 전에

시나몬 롤 몇 개에 시럽을 바르거나 다른 사람을 떠밀어 팬케이크를 구워 「Brown Sugar」와 함께 브런치를 즐긴다. 새해맞이 브런치 앨범으로 『Sticky Fingers』를 추천한다.

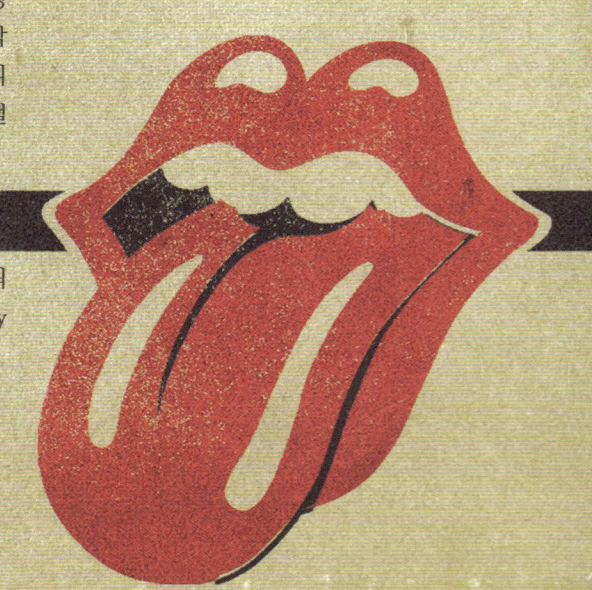

A

데킬라 선라이즈 Tequila Sunrise

키스 리처즈Keith Richards는 두터운 자서전 『라이프Life』에서 롤링 스톤스의 전설적 1972년 전국 투어를 '코카인과 데킬라 선라이즈' 투어라고 부른다. 전설에 따르면 소살리토의 한 바텐더가 리드 싱어 믹 재거Mick Jagger에게 이 **데킬라 선라이즈**를 처음으로 맛보도록 권했고, 그때부터 그가 가장 좋아하는 칵테일이 되었다고 한다.

데킬라 45ml
신선한 오렌지 주스 90ml
그레나딘 시럽 15ml(212쪽 참조)
오렌지 슬라이스(장식용)

얼음을 채운 온더락 잔에 데킬라와 오렌지 주스를 붓는다. 그런 다음 그레나딘 시럽을 넣는다. 젓지 않는다. 그레나딘이 저절로 바닥까지 가라앉는다. 오렌지 슬라이스로 장식한다.

B

잭 앤 코크(앤 쿠어스)Jack and Coke (and Coors)

롤링 스톤스는 테네시 강에 있는 유명한 머슬숄즈 사운드스튜디오에서 녹음하는 동안 그곳에서 지냈는데, 키스가 잭 대니얼에 맛을 들인 것은 아마도 그곳이었을 것이다. 이 시기에 찍은 사진을 보면 그가 이 술병을 들고 있고 곁에는 코크와 쿠어스가 놓여 있는 것이 많다. 질척한 마음으로 음반을 처음부터 다시 틀 시간이다.

잭 대니얼 위스키 60ml
코카콜라 1캔(355ml)
쿠어스 1캔(355ml)

위스키와 코크와 쿠어스를 나란히 늘어놓고, 셋 모두를 번갈아가며 한 모금씩 마신다.

프로듀서: 지미 밀러Jimmy Miller 레이블: Atlantic

IV
LED ZEPPELIN

아티스트 레드 제플린Led Zeppelin **앨범** IV (1971)
장르 하드 록, 블루스 록, 포크 록 **언제 들까?** 제물을 태울 때(즉, 고기 바비큐 파티 때)

앨범 해설 드루이드교인 무리가 록의 신들을 소환하려고 목 놓아 부르짖듯 제플린의 『IV』는 과장되고 거창하다. 흥미롭게도 이 앨범은 빅토리아풍 저택에서 녹음됐는데, 이들은 쉬는 시간이면 손에 찻잔을 들고 나와 그곳 경내를 돌아다녔다. 제플린 4집은 인내와 신뢰의 결과물이다. 공식적으로는 앨범 이름이 없지만, 『IV』는 밴드를 구성하는 4인의 멤버를 나타낸다. 이 앨범에는 8분짜리 노래가 포함되어 있었는데 당시 이것은 상업적으로 볼 때 자살이나 다름없었다. 그 노래가 「Stairway to Heaven」이다. 앨범은 판매 기록을 깨부수었다. 제플린의 가장 사랑받는 노래들을 들으며 파티를 즐길 준비를 하자.

바늘을 올리기 전에 레드 제플-로인(24쪽)을 준비한다(물론 우리도 구워 먹었다!).

프로듀서: 로이 토머스 베이커 Roy Thomas Baker 레이블: EMI

헬파이어 펀치 Hellfire Punch

같은 시대의 다른 밴드들이 하나하나 짧은 '노래 기반' 형식을 취하는 것과 달리, 이 앨범에는 긴 즉흥 연주와 같은 잼 밴드 요소가 곳곳에 퍼져 있다. 이 때문에 우리는 자유분방한 이 로커들을 기리는 뜻에서, 술을 하나하나의 잔에 따로 나눠 담지 않고 커다란 그릇에 준비한 펀치를 각자 부어 마실 수 있게 했다. 여러분도 알고 있겠지만 기타리스트 지미 페이지Jimmy Page는 당시 정말로 이상한(악마 숭배 같은) 것에 몰두했다. 그래서 우리는 즐거운 마음으로 이 펀치를 소개한다. 이 펀치는 영국의 가장 장난스럽고 악마스러운 18세기 남성 클럽인 헬파이어 클럽의 자랑이자 기쁨이다. 칵테일 역사학자 데이비드 원드리치David Wondrich가 발굴해 낸 이 레시피는 오컬티스트 알리스터 크롤리Aleister Crowley의 집착에 불을 지를 것이 확실하다.

20~30인분

브랜디(페랑 1840 꼬냑이 좋다) 3병(750ml)

럼(스미스 앤 크로스 자메이카 럼이 좋다) 1병(750ml)

체리 브랜디(룩사르도 상 몰라코가 좋다) 1병(750ml)

레몬 16개(껍질을 간다)

데메라라 설탕 900g

따뜻한 물 3.8L

신선한 레몬 주스 500ml

육두구 2개(강판에 간다)

카옌 페퍼 가루 1큰술

우유 8컵(1.92L, 보글보글 끓인다)

간 레몬 껍질을 브랜디, 럼, 체리 브랜디에 담가 하룻밤을 재운다. 데메라라 설탕을 따뜻한 물에 녹인 다음, 그대로 식혀 앞서 섞은 술에 붓는다. 레몬 주스, 육두구, 카옌, 우유를 첨가한다. 물론 우유가 굳을 것이다.

펀치를 1시간 동안 두었다가 베 보자기로 거른다. 베 보자기에 남은 찌꺼기 위에 거른 술을 부어 한 번 더 거른다.

커다란 펀치 볼에 큼지막한 얼음덩이를 넣고, 거기에 펀치를 부어 내놓는다.

간식거리!

레드 제플-로인 Led Zep-Loin

이 로커들이 영국에 남긴 유산에서 영감을 받은 우리는 우리가 일요일에 즐겨 먹는 돼지고기 등심 구이 레시피에 발효 사과주를 넣어야 한다는 생각이 들었다. 익는 동안 천상의 냄새가 나고, 오븐에서 꺼내 놓으면 모두가 행복해 한다. 타이머를 맞추어 놓고 조리 시간이 45분 남았을 때 잊지 말고 사과를 추가하도록 하자. 우리는 이 등심(loin)에 버터를 듬뿍 바른 삶은 햇감자를 곁들이고 다진 파슬리를 얹어 내는 것을 좋아한다. 순수한 등심 구이가 더 좋으면 사과는 따로 프라이팬에서 익힌다.

뼈를 제거하고 비계는 떼지 않은 돼지 등심 1,800g
올리브유 2큰술
천일염 2작은술
발효 사과주 180ml
닭고기 육수 180ml
샬롯 4개(껍질을 벗긴다)
마늘 2쪽(으깬다)
빨간 사과 3개(핑크레이디 품종 같은 것이 좋다)

오븐을 245°C로 예열한다. 등심을 가볍게 두드려 물기를 없애고 6~12mm 간격으로 칼집을 넣는다. 등심을 올리브유로 문지른 다음 소금으로 문지른다. 오븐에서 30분 동안 굽는다.

오븐을 163°C로 낮추고 사과주, 닭고기 육수, 샬롯, 마늘을 넣는다. 다시 2시간~2시간 30분 동안 굽는다. 또는 등심의 내부 온도가 63°C가 될 때까지 굽는다. 45분을 남긴 시점에 사과를 넣는다.

구이를 꺼내 20분 동안 그대로 두었다가 썬다. 사과와 함께 접시에 담고 국물을 둘러 내놓는다.

BORN TO RUN
BRUCE SPRINGSTEEN

아티스트 브루스 스프링스틴 Bruce Springsteen
앨범 Born to Run (1975)
장르 로큰롤 언제 틀까? 금요일 퇴근 후

앨범 해설

야망이 가득 담긴 브루스 스프링스틴의 정규 앨범 3집은 그에게 주류 아티스트로서 성공을 가져왔다. '보스'라는 별명에서 알 수 있듯 이미 로큰롤의 미래로 환호를 받은 만큼 그에게 매우 중요한 앨범이었다. 거액의 예산이 준비되었다. 건곤일척, 모든 것이 이 앨범에 달려 있었다. 이 압박이 아메리카나 음악의 찬란한 걸작을 만들어 냈다(스프링스틴은 「Born to Run」이라는 곡 하나를 다듬는 데에만 여섯 달을 들였다. 이는 탁 트인 도로에 대한 동경 등 클래식 록의 주제에 바치는 송가이다. 지붕을 내린 오픈카에서 얼굴에 부딪치는 바람을 상상해 보면 이 필수 레코드의 활기 넘치는 느낌을 알 수 있다.

바늘을 올리기 전에

반바지로 갈아입은 다음, 집 뒷문을 열어 고정해 두고 그릴에 불을 지핀다. 그런 다음 베란다에 느긋하게 앉는다. 아니면 음악을 틀어 놓고 휠캡에 왁스 칠을 하는 것은 또 어떨까?

SIDE A
보일러메이커 Boilermaker

맥주 한 팩과 버번 한 병을 꺼낸다. 심플하게.

값싼 맥주 1캔
버번 1샷

나란히 내놓는다.

SIDE B
뉴저지 칵테일 New Jersey Cocktail

뉴저지 주 버던트는 식민지 시대에 사과 과수원과 사과즙 생산으로 유명해졌다. 저지 칵테일은 원래 발효 사과주를 넣어야 한다. 사과주 대신 사과 브랜디를 넣어 한 단계 높인다. 옛날 방식대로 사과주를 넣었다고 생각하자. 뉴저지 출신인 이 남정네에게 딱이다.

사과 브랜디 60ml
앙고스투라 비터스 2대시
백설탕 1작은술

재료를 얼음과 함께 저은 다음, 차게 식힌 칵테일 잔에 걸러 붓는다.

프로듀서: 브루스 스프링스틴, 마이크 어펠 Mike Appel, 존 랜도 Jon Landau   레이블: Columbia

QUEEN
A NIGHT AT THE OPERA

앨범 해설 퀸의 네 번째 정규 앨범은 1975년 11월 추수감사절 기간에 나왔다. 그리고 장담하건대, 매우 웅장하고 화려하기는 해도 명절 앨범으로도 완전히 어울린다. 당시 만들어진 것 중 가장 비싼 이 앨범은 하드 록의 익살과 고전 음악의 영향이 말도 안 되게 뒤섞였다. 게다가 아카펠라도 많이 들어갔다. 이 앨범은 각종 차트의 1위를 휩쓸었고, 「Bohemian Rhapsody」는 고금을 통틀어 가장 위대한 노래 중 하나로서 절정의 인기를 누렸다. 이 노래는 1992년 영화 『웨인즈 월드 Wayne's World』 덕분에 다시금 인기를 얻었다. **바늘을 올리기 전에** 초대할 손님들에게 가장 끔찍한 스웨터를 입고 캐서롤을 가져오도록 청한다.

1975

아티스트 퀸 Queen
앨범 A Night at the Opera
장르 록, 팝, 하드 록, 글램 록
언제 틀까? 명절 헤드뱅잉

SIDE A
코로네이션 칵테일
Coronation Cocktail

퀸이니 당연히 대관식으로 시작해야 하지 않을까! 이 장엄한 칵테일은 명절 안주와 함께 즐길 수 있는 이상적인 아페리티프(식전주)이다. 고인이 된 록의 전설 프레디 머큐리 Freddie Mercury에게 건배하는 것을 잊지 말자. 이 앨범에서 그의 목소리는 일종의 거룩한 축복이다.

- 아몬티야도 셰리 45ml
- 드라이 베르무트 45ml
- 마라스키노 리큐어 7.5ml
- 오렌지 비터스 2대시
- 레몬 트위스트 (장식용)

재료를 얼음과 함께 저어, 차게 식힌 칵테일 잔에 걸러 붓는다. 레몬 트위스트로 장식한다.

SIDE B
보헤미안 칵테일
Bohemian Cocktail

이것은 현실일까, 아니면 환상일 뿐일까? 엘더플라워 리큐어를 시큼한 자몽으로 균형을 잡은 이 맛있는 칵테일은 쉽게 오고 쉽게 간다.

- 런던 드라이 진 45ml
- 생제르맹 리큐어 30ml
- 페이쇼즈 비터스 2대시
- 신선한 핑크 자몽 주스 30ml

재료를 얼음과 함께 흔들어, 차게 식힌 칵테일 잔에 걸러 붓는다.

보너스 트랙 이 앨범이 이름을 따온 막스 형제의 영화 『오페라에서 보낸 하룻밤 A Night at the Opera』도 한번 보기 바란다. 퀸은 어느 날 밤 스튜디오에서 이 영화를 보았다. 다 보고 나면 1985년 『라이브 에이드 Live Aid』에서 노래한 퀸도 볼 것. 시대를 통틀어 최고의 라이브 공연 중 하나이다.

프로듀서: 로이 토머스 베이커 Roy Thomas Baker 레이블: EMI

RAMO

아티스트: 라몬즈 The Ramones
앨범: Ramones (1976)
장르: 펑크 록   언제 들을까?: 개러지 파티

앨범 해설 1970년대 말에 이르러 주류 라디오에서는 뜬금없이 이어지는 긴 기타 솔로를 곧잘 들려주었다. 라몬즈는 그것을 헛소리라 치부하고 2분 정도 길이밖에 되지 않는 날카롭고 빠른 템포의 노래를 가지고 록의 근본인 반항 정신으로 돌아갔다. 뉴욕 퀸즈 출신의 이 밴드는 로커빌리와 폭주족의 청바지, 흰 티셔츠, 모터사이클 재킷 차림으로 록 무대에 뛰어들어 모든 로큰롤의 미학을 형성했다. 1980년대 경제·불황의 소용돌이 속에서 펑크 록의 허무주의와 반체제적 메시지로 수많은 팬을 매료시켰다. 이 음반은 어마어마한 반향을 일으켰다. 섹스 피스톨즈 Sex Pistols나 버즈콕스 Buzzcocks, 더 클래시(36쪽) 같은 반체제 성향 밴드에게 영향을 주었고, 대서양 양쪽에서 펑크 록이 본격적으로 퍼지는 계기가 되었다.

ONES

바늘을 올리기 전에 차고를 클럽하우스로 변신시킨다. 창을 검은색 종이로 가리고, 웨트바를 만들고(합판 문짝 같은 것을 작업대 같은 것으로 잘 받치면 충분하다), 반짝이 조명을 달면 된다.

A

위스키 스매시
Whiskey Smash

펑크 록 이름이 붙은 역사 오랜 술! 19세기에 만들어진 이 청량음료는 술이기는 하지만 매우 상쾌하다. 원래는 '제철 과일'로 만들지만 연중 어느 때든 레몬으로 만들 수 있다. 시트러스 맛이 나는 **민트 줄렙**이라고 생각하면 된다.

버번 60ml
심플 시럽 15ml(213쪽 참조)
레몬 반 개(네 조각으로 자른다)
민트 잎 4장, 민트 가지(장식용) 몇 개
잘게 부순 얼음

민트 잎과 시럽, 레몬을 칵테일 잔이나 셰이커에 넣고 짓이긴다. 버번을 넣은 다음 온더락 잔에 따른다. 잘게 부순 얼음으로 잔을 채우고 민트 가지로 장식한다.

B

젤로 샷
Jell-O Shots

술이 섞인 탱글탱글한 성인용 젤리는 언제나 인기가 있는 데다 들고 다니기도 쉽다(튀지 않으니까)! 무슨 맛이든 원하는 대로 골라. 어떤 모양이든 원하는 얼음 트레이에 넣어 얼린다. 손가락을 한 번 튕기는 것으로 짠! 다시 스무 살로 돌아간 것 같다.

보드카 360ml
젤로 1통(90ml)

그릇에 보드카와 얼음물 120ml를 넣고 젓는다. 피처나 커다란 계량컵에 끓는 물 240ml와 젤로를 넣고 휘젓는다. 차가운 보드카 물을 부어 넣으며 저어 준다. 종이컵이나 얼음 트레이에 붓는다(쉽게 빼낼 수 있도록 살짝 기름칠을 한다). 냉동실에 2~4시간 또는 굳을 때까지 넣어 둔다.

프로듀서: 크레이그 리언Craig Leon, 토미 라몬Tommy Ramone 레이블: Sire

IGGY POP
LUST FOR LIFE

아티스트: 이기 팝Iggy Pop **앨범:** Lust for Life (1977) **장르:** 록, 개러지 록, 펑크 록 **언제 틀까?:** 본 게임 전에 미리 한잔할 때

앨범 해설
고동치는 밤의 심장을 손에 든다. 앞서 데이비드 보위(116쪽)와 협력한 앨범 『The Idiot』가 고딕과 인더스트리얼 록을 미리 보여 준 절제된 것이었다면, 이기 팝의 두 번째 솔로 앨범은 순수하게 손뼉을 치며 따라 부르는 로큰롤을 담았다. 녹음 당시 그도 보위도 중독 문제와 씨름하고 있었는데, 베를린에서 녹음된 이 앨범에서 그는 살고자 하는 새로운 의지를 넘치도록 모두 풀어낸다. 갈망이 원초적 에너지로 폭발하며, 보위와의 예술적 경쟁이 불후의 타이틀곡 「Lust for Life」에서부터 「The Passenger」에 이르기까지 팝이 쓰는 음악을 새로운 차원으로 끌어올린 것이 분명하다. 술잔을 들어야 할 이기 팝의 앨범 하나를 고른다면 바로 이 앨범이다. 그리고 **마티니나 콥스 리바이버**가 아니라면, 「Fall in Love with Me」라는 노래처럼 화이트 와인 한잔도 좋다.

바늘을 올리기 전에
친구들과 저녁 나들이를 나가기 전에 미리 한잔하며 들을 앨범으로 딱이다.

STEREO THIS RECORDING IS DESIGNED FOR USE ON 33⅓ RPM STEREOPHONIC REPRODUCERS.

A 더티 마티니 Dirty Martini

세 가지 재료로 만드는 궁극의 칵테일인 **더티 마티니**는 저녁 시간을 시작하는 가장 활기찬 방법일 것이다. 진과 베르무트는 종류마다 다른 맛을 내기 때문에 갖가지 변형이 가능한 클래식으로 인기를 누린다. **마티니**가 처음인 사람이라면 런던 스타일의 드라이 진을 시도해 보자. 우리는 그 상쾌한 두송자 향을 좋아한다. 그리고 항상 베르무트가 신선한지 확인해야 한다(병을 따고 나면 냉장고에 보관한다). 끝으로 품질 좋은 올리브를 쓰면 모든 것이 달라진다. 우리가 즐겨 찾는 것은 통통한 연두색 카스텔베트라노 올리브인데, 식품점에서 병에 포장된 것으로 구할 수 있다.

진 75ml
드라이 베르무트 15ml
염장 올리브(맛 내기용) 15ml
올리브(장식용)

재료를 얼음과 함께 저어, 차게 식힌 칵테일 잔에 걸러 붓는다. 올리브로 장식한다.

B 콥스 리바이버 (넘버 2) Corpse Reviver (No.2)

콥스 리바이버는 아침 식사 때 마시는 칵테일류로, 심한 숙취로 거의 죽어 가는 사람을 소생시키도록 만든 것이다. 넘버 2는 1930년 『사브이 칵테일 북 *The Savoy Cocktail Book*』에 수록되면서 인기를 얻었다. 이 술은 지금도 바의 필수 메뉴 자리를 지키고 있으면서 은은한 압생트 맛과 함께 딱 맞는 양의 에너지를 공급해 준다. 참고: 코키 아메리카노는 맛있는 이탈리아산 아페리티프이다. 이 칵테일에 쓰고 남은 것이 있으면 오후에 얼음과 함께 즐기면 좋다.

진 30ml
쿠앵트로 22ml
코키 아메리카노 22ml
신선한 레몬 주스 22ml
압생트(잔을 헹굴 용도)

차게 식힌 칵테일 잔을 압생트로 헹군다. 재료를 얼음과 함께 흔든 다음, 준비된 잔에 걸러 붓는다.

프로듀서: 데이비드 보위, 이기 팝, 콜린 서스턴 Colin Thurston 레이블: RCA

THE CARS

아티스트: 더 카스 The Cars   앨범: The Cars (1978)   장르: 록, 파워 팝, 뉴 웨이브
언제 틀까?: 뉴 웨이브 댄스파티

앨범 해설

이 데뷔 앨범은 1978년 나오자마자 클래식이 되었다. 엔진이 돌아가는 뉴 웨이브와 강하게 몰아치는 팝송이 어우러져, 듣는 이가 운전석에 조금 더 깊이 앉아 굽이진 길을 조금 더 빨리 달려가고 싶게 만들었다. 멀대 범생이 릭 오케이섹 Ric Ocasek이 다 아는 자의 비웃음을 담아 전달하는 가사로 이 앨범을 주류를 넘어 영원한 명반으로 끌어올린다. 좋은 시간을 보낼 태세를 갖추자.

바늘을 올리기 전에

손뼉을 치게 만드는 에너지 넘치는 파티 앨범이라 생각하자. 고전 비디오 게임이나 포커로 하룻밤을 보내는 데 완벽하다.

SIDE A

진 앤 잇 Gin and It

간단하고 멋지고 확실하다. 진이 무엇인지는 알 것이고, '그것'은 이탈리아산 스위트 베르무트이다. 영국에서 인기인 이 클래식은 진작부터 미국식으로 재탄생했다. 맛은 말할 것도 없고 우리는 이 술의 우아하고 단순한 멋을 좋아한다. 전통적으로는 얼음 없이 실온으로 마신다. 그러나 그게 역겨운 우리는 얼음 몇 조각을 잔에 넣고 이 술을 부어 미국식으로 만든다.

진 60ml
스위트 베르무트 30ml

온더락 잔에 얼음 큐브 두어 개를 넣고 재료를 섞는다.

SIDE B

카 드라이버 Car Driver

운전을 맡기로 한 사람을 위한 훌륭한 무알콜 음료이다. 너무 달지도 않고 진저 에일의 거품이 멋지다(우리는 쏘는 맛이 약간 더 강한 진저 비어를 즐겨 사용한다). 물론 술로 마무리를 짓고 싶으면 얼마든지 환영한다.

신선한 파인애플 주스 60ml
신선한 레몬 주스 30ml
그레나딘 시럽 15ml(212쪽 참조)
진저 에일 60ml
레몬 웨지(장식용)

진저 에일을 뺀 모든 재료를 흔들어 섞은 다음, 차게 식혀 얼음을 채운 온더락 잔에 붓는다. 그 위에 진저 에일을 붓고 레몬 웨지로 장식한다.

프로듀서: 로이 토머스 베이커 Roy Thomas Baker   레이블: AIR Studios

LONDON CALLING
THE CLASH

아티스트: 더 클래시 The Clash
앨범: London Calling (1979)
장르: 포스트 펑크, 록, 스카, 레게, 로커빌리
언제 들까?: 세상의 끝 또는 한 해의 끝을 앞두고 건배

앨범 해설 원초적이며 정치적인 더 클래시의 세 번째 정규 앨범은 다양한 장르를 허리케인의 위력으로 끌어모아 휘저어 놓은 것 같은 스타일이다. 이 음반은 아마도 이 밴드의 창의력이 절정에 다다른 결과물일 것이다. 길거리를 덮쳐라 재촉하는 반항적 외침이 불온한 고함과 아우성, 폭발적인 기타를 타고 울리며, 이를 통해 다가오는 묵시록적 정신은 억누르기가 불가능하다. 문명의 황혼을 불러오는 만큼, 세상의 끝을 우아하고 차분하게 맞이하자. 진 토닉과 함께.

바늘을 올리기 전에 새해를 힘차게 정력적으로 맞이하는 건 어떨까? 클래시 파티를 열고 모두가 걱정거리를 모닥불에 던져 버리게 하자.

진 토닉
Gin and Tonic

제대로 된 **진 토닉**을 만들려면 영국산 진을 사용하자. 비피터나 플리머스를 쓰면 언제나 좋다. 플리머스에 라임 대신 레몬을 써 보자. 영국 남부 양조장에서 내는 방식이다. 기발하다.

진 60ml
토닉 워터 90ml
라임 또는 레몬 웨지(장식용)

온더락 잔에 얼음을 채운다. 진을 넣고 토닉을 넣는다. 잠깐 저은 다음 장식한다.

엔드 오브 더 월드
End of the World

이것이 밤의 끝이 되지 않도록 특히 조심하기를. 이 칵테일 샷을 너무 많이 마시면 아마겟돈이 여러분을 찾아갈지도 모른다.

순도 높은 럼 15ml
위스키 15ml
보드카 15ml

샷 잔에 재료를 함께 넣는다. 장식 없이 실온으로 내놓는다. 세상의 종말은 장난이 아니니까.

프로듀서: 가이 스티븐스 Guy Stevens, 믹 존스 Mick Jones   **레이블**: Epic

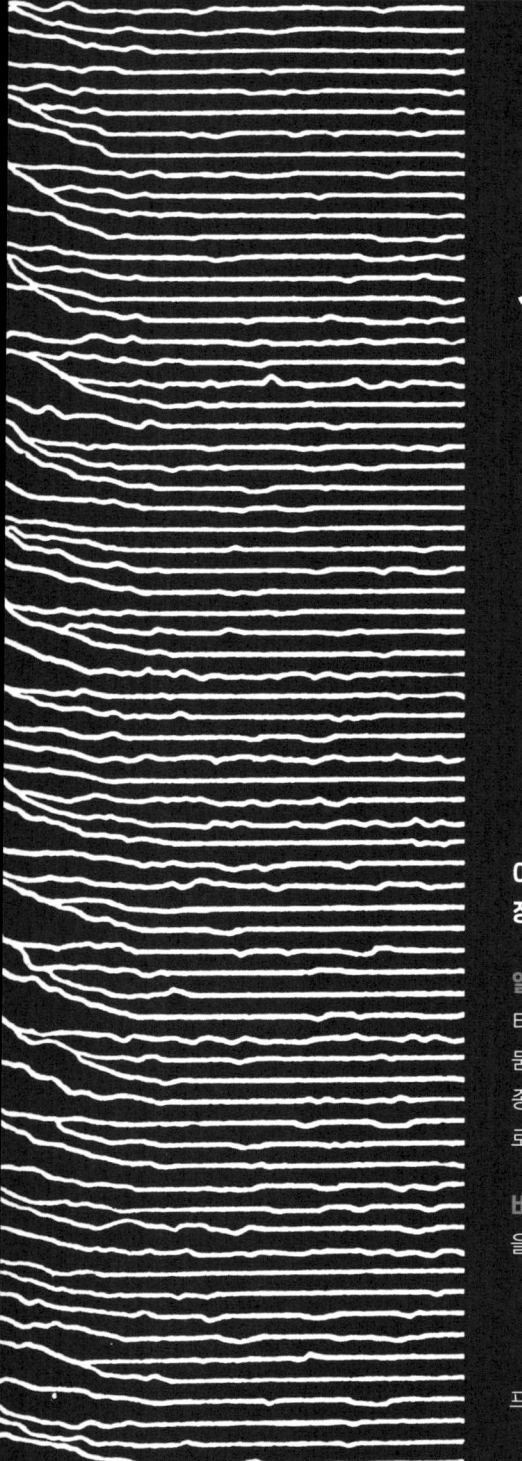

Unknown Pleasures
JOY DIVISION

아티스트: 조이 디비전 Joy Division **앨범: Unknown Pleasures (1979)**
장르: 포스트 펑크, 고딕 록 언제 틀까?: 고스 피크닉

앨범 해설 진지하고 쓸쓸하고 음울한 조이 디비전의 첫 앨범은 산업화 이후 황폐해진 영국 맨체스터의 칙칙한 느낌을 포착하여 거기에 불을 지른다. 이 앨범에서는 고딕과 펑크가 만난 매력적인 어둠이 끓어넘친다. 더 도어즈(177쪽)와 비슷한 최면 같은 공간을 엮어 내지만, 조이 디비전의 소리는 종말적 경쾌함과 함께 더 거칠고 더 절박하다. 뇌전증을 앓던 리드 싱어 이언 커티스Ian Curtis는 그로부터 겨우 1년 뒤 사망하고, 밴드와 앨범은 컬트 지위를 얻게 된다.

바늘을 올리기 전에 어두움이 테마다. 검은 식탁보, 검은 새틴 냅킨 그리고 물론 시커멓게 태운 먹을거리도 넉넉하게 준비한다.

프로듀서: 마틴 해닛Martin Hannett   레이블: FACTORY

SIDE A 조이 디비전 The Joy Division

뉴욕의 데스앤코 Death & Co. 바의 바텐더 필 워드 Phil Ward가 만들어 낸 이 술은 쿠앵트로의 시트러스 향과 압생트의 아니스 맛으로 더 흥미롭게 만든 **마티니**이다. 두 재료 덕분에 고딕의 깊이가 더해진다. 우리가 가장 좋아하는 술 중 하나이며, 여러분에게도 그럴 것이다.

런던 드라이 진 60ml
드라이 베르무트 30ml
쿠앵트로 15ml
압생트 3 대시
레몬 트위스트(장식용)

재료를 얼음과 함께 저어, 칵테일 잔에 걸러 붓는다. 레몬 트위스트로 장식한다.

SIDE B 다크 앤 스토미 Dark and Stormy

20세기 초 영국 선원들에게 인기였던 술이자 오늘날에는 버뮤다의 대표 술로 간주된다(고슬링의 등록 상표이기도 하다). 진저 비어와 다크 럼을 함께 섞으면 먼 수평선에서 폭풍우 구름이 모이는 것처럼 보인다. 보기에 아름답고 마시기에 매우 상쾌하다.

고슬링 블랙 실 럼 60ml
진저 비어 90ml
라임 휠(장식용)
생강정과(장식용, 선택)

온더락 잔에 얼음을 채운다. 럼과 진저 비어를 넣고 젓는다. 라임 휠과 생강정과를 꼬챙이에 꿰어 장식한다.

아티스트: 에이시/디시 AC/DC   앨범: Back in Black (1980)
장르: 하드 록   언제 틀까?: 광란의 파티

앨범 해설 도끼로 깨부수는 거친 소리로 가득한 이 앨범은 헤비메탈의 정점일 것이다. 오스트레일리아 밴드 에이시/디시의 일곱 번째 앨범은 「Highway to Hell」이라는 곡이 처음으로 세계적 히트를 거둔 뒤 후속작으로 녹음한 것으로, 리드 보컬 본 스콧 Bon Scott의 비극적 죽음 이후 새로 영입한 브라이언 존슨 Brian Johnson이 간판으로 활약한다. 바하마에서 녹음한 이 앨범은 섹스, 술, 파티, 마약 등 로큰롤의 흔한 주제에 초점을 맞춰 귀가 먹먹할 수준의 하울링으로 끌어올린다. 마이클 잭슨의 『Thriller』에 이어 역사상 가장 많이 팔린 앨범의 하나가 되었다.

바늘을 올리기 전에 에이시/디시 웨트바(wet bar)를 설치한다(41쪽 참조).

BACK IN BLACK

헬스 벨스 Hell's Bells

A면이 교회 종소리로 시작하는 만큼, 첫 곡 제목을 따 이름 붙인 이 술로 에이시/디시 파티를 부드럽게 시작하여 끝까지 달려 보는 건 어떨까?

데킬라 30ml
블랙 삼부카 30ml

온더락 잔에 얼음을 넣고 재료를 붓는다. 저은 다음 내놓는다.

에이시/디시 오픈 바 AC/DC Open Bar

「Have a Drink on Me」라는 노래는 '싸구려 와인'을 포함하여 아래 술을 모두 언급한다. 에이시/디시 웨트 바를 준비하려면 나열된 술을 모두 한두 병씩 내놓는다. 그리고 와인은 두 상자 정도를 준비한다.

위스키 1병
진 1병
브랜디 1병
화이트 라이트닝(문샤인) 1병
데킬라 1병
값싼 와인

섞을 만한 것들
클럽 소다
토닉 워터
코카콜라
레몬 웨지
라임 웨지

손님들이 각자 술을 섞어 밤새도록 파티를 즐기게 한다.

프로듀서: 로버트 존 '머트' 랭 Robert John "Mutt" Lange   레이블: Albert/Atlantic

앨범 해설

『License to Ⅲ』은 어이없는 라임과 재미난 창의성으로 가득하다. 처음 나왔을 때 '사교 클럽 힙합'이라는 조롱 조의 꼬리표가 붙었던 이 앨범은 시대를 – 우스우면서도 불쾌할 정도로 – 앞서갔다. 이 앨범에서 선보인 초보적인 비트와 보컬은 여전히 타당하고 훌륭하고 정신이 나갔다. 그러나 높게만 평가한다면 요점을 놓칠 수 있다. 1980년대 말 이 음반의 등장은 다가올 90년대의 슬래커 세대에 대한 일종의 광산의 카나리아 같은 경고이기도 했으니까. 오늘날 이 앨범은 'X도 신경 안 써'를 나타내는 기념비로 자리매김했다. 그리고 그것은 언제나 신선하다.

바늘을 올리기 전에

일회용 컵을 넉넉하게 장만한다. 파티를 위해 굳이 집안을 치울 것까지는 없다.

SIDE A

브라스 멍키 Brass Monkey

술 마시기 게임을 시작한다! 「Brass Monkey」라는 곡에서 비스티 보이즈는 70년대부터 90년대까지 휴블레인이 완제품으로 만들어 판매한 이 술을 언급하지만, 몰트 리커와 오렌지 주스로 직접 만들 수 있다. 이 레시피의 취지를 살리려면 1,200ml짜리 올드 잉글리시 한 병을 상표 위쪽 끝까지 마신 다음 오렌지 주스를 섞는다. 아래의 레시피는 – 그러니까 – 다른 사람과 마실 용도이다.

올드 잉글리시 800 몰트 리커 240ml
신선한 오렌지 주스 120ml

빨간색 일회용 컵에 재료를 넣고 섞어 즐긴다.

SIDE B

브루클린 Brooklyn

그때까지 잠은 없어! 그 옆 동네를 대표하는 술인 **맨해튼**처럼 유명하지는 않지만, 이 잊힌 칵테일은 그 자체로 고전이다. 원래 레시피에서는 프랑스산 오렌지 리큐어인 아메르 피콘을 사용해야 하지만, 미국에서는 쉽게 구할 수 없기 때문에 이 칵테일을 완전히 되살려 내기가 조금 어렵게 되었다. 그러나 토라니 아메르(Torani Amer) 같은 아마로로 대신하고 오렌지 비터스를 몇 대시 더하면 비슷한 맛을 낼 수 있다.

호밀 위스키 60ml
드라이 베르무트 22ml
마라스키노 리큐어 7.5ml
토라니 아메르 7.5ml
오렌지 비터스 4대시

재료를 얼음과 함께 저어 차게 식힌 칵테일 잔에 걸러 붓는다.

프로듀서: 릭 루빈 Rick Rubin   레이블: DEF JAM

GUNS N' ROSES
APPETITE FOR DESTRUCTION

아티스트: 건즈 앤 로지스 Guns N' Roses **앨범:** Appetite for Destruction (1987)
장르: 헤비메탈, 글램 록, 하드 록 **언제 들까?:** 홈 파티

앨범 해설 로스앤젤레스의 글램 밴드 건즈 앤 로지스는 1987년 여름 「Welcome to the Jungle」과 「Paradise City」가 차트 정상에 오르면서 혜성처럼 등장했다. 사상 최고의 데뷔 앨범 중 하나인 『Appetite for Destruction』은 주류 사회가 향수를 불러일으키는 레이건 시대의 청교도주의에 사로잡혀 있던 당시의 미국에 섹스와 마약과 로큰롤의 맛을 보여 주었다. 이것은 본능적인 이드의 진정한 폭발이었고, 1980년대 말 다른 글램 밴드보다 더 빠르고 더욱 덜 세련된 미학을 선보였다. 이 앨범은 노래방이나 글램 밴드 코스튬 파티에 딱이다.

바늘을 올리기 전에 이 앨범은 여느 앨범과 달리 음반 앞뒷면이 'G'와 'R'로 표시되어 있다는 것을 눈여겨보기 바란다. 찢어진 G&R 티셔츠를 꺼내 입고, 두건을 두르고 주먹을 불끈 쥘 시간이다. 예압!

가미카제 Kamikaze

80년대 동안 인기를 누린 샷이지만 칵테일 잔에도 담아낼 수 있다. 하지만 굳이 그래야 할까. 흥미로운 사실: **코스모폴리탄**의 모체가 된 것이 바로 이 술. 크랜베리 주스만 더하면 된다. 로큰롤 팬들아, 잔에서 새끼손가락을 떼어 내자!(우아를 떨 시간이다!)

보드카 30ml
트리플 섹 22ml
신선한 라임 주스 22ml

재료를 얼음과 함께 흔들어 샷 잔에 걸러 붓는다.

래틀 스컬 Rattle Skull

강력한 한 방과 아울러 식민지 시대에 인기를 끌었던 이 술은 저 사랑스러운 아이의 마음을 살 때 도움이 되도록 혁명 시대로부터 당신에게 직접 찾아온 칵테일이다. 한꺼번에 마실 수 있는데 뭐하러 샷 따로, 맥주 따로 마실까? 그렇게 옛 미국에서 이 술이 생겨났는데, 인정하지 않을 수 없는 논리이다. 얼음을 넣어서도 없이도 마셔 보자. **럼 앤 코크**와 맛이 비슷하다.

포터(맥주) 360ml
럼 또는 브랜디 45ml
신선한 라임 주스 22ml
흑설탕 시럽 15ml(흑설탕과 물 1:1)

차게 식힌 맥주 머그잔에 재료를 넣고 젓는다.

프로듀서: 마이크 클링크 Mike Clink 레이블: GEFFEN

ODELAY

1996
BECK

아티스트: 벡Beck **앨범**: Odelay
장르: 얼터너티브 록, 안티포크, 컨트리, 노이즈 록, 얼터너티브 힙합
언제 틀까?: 유사 파자마 파티

앨범 해설

록, 힙합, 포크를 미국이라는 테마로 이어 혁신적으로 혼합한 이 앨범은 벡이 싱글인 「Loser」를 넘어 스타로서 스포트라이트를 받게 된 음반이다. 슬래커 세대를 나타내는 심벌에서 그치지 않고 본격 아티스트로서 여러 장르를 주물러 정규 앨범 전체를 관통하는 일관된 이야기를 엮어 낼 수 있게 만든 앨범이다. 1990년대 최고 음반의 하나로 또 가장 대담한 음반의 하나로 자리매김했다. 마치 동전을 넣자 미지의 경이로움을 끊임없이 쏟아 내기 시작한 우주의 먼지 쌓인 주크박스처럼, 한 곡 한 곡이 모두 히트곡이다.

바늘을 올리기 전에

물감과 색연필을 꺼내 놓자. 공작용 찰흙이면 더욱 좋다.

SIDE A

마타도르 Matador

마르가리타의 억센 사촌 쯤 된다. 말도 안 되는 옷차림을 하고 큰물로 나가 온갖 역경에도 불구하고 성공을 거둔 사촌이다. 신선한 파인애플 주스를 준비하는 일이 만만찮을 수 있지만, 집에 주서기가 있거나 근처에 주스 가게가 있다면 그럴 만한 가치가 있다.

데킬라 45ml
신선한 파인애플 주스 90ml
라임 주스 1큰술
파인애플 웨지(장식용)

재료를 얼음과 함께 흔든다. 샴페인 잔이나 칵테일 잔에 걸러 붓는다. 파인애플 웨지로 장식한다.

SIDE B

데킬라 네그로니 Tequila Negroni

네그로니에서 진 대신 데킬라를 쓰면 색다른 맛이 난다. 이따금 **아가보니**(아가베+네그로니)라고도 불리는 이 칵테일은 전형적으로 데킬라와 캄파리, 베르무트를 같은 비율로 섞어 만든다. 그러나 우리는 재료를 '서로 연결'하여 더 균형 잡힌 맛이 나는 쪽을 좋아한다. 최고의 맛을 내려면 반드시 100% 아가베 블랑코나 실버 데킬라를 사용해야 한다.

데킬라 45ml
스위트 베르무트 30ml
캄파리 22ml
오렌지 비터스 2대시
자몽 껍질(장식용)

재료를 얼음과 함께 저은 다음, 차게 식힌 온더락 잔에 얼음을 넣고 걸러 붓는다. 자몽 껍질로 장식한다.

프로듀서: 벡 핸슨 Beck Hansen,
더스트 브라더스 The Dust Brothers,
마리오 칼다토 2세 Mario Caldato Jr.,
브라이언 폴슨 Brian Paulson,
톰 로스록 Tom Rothrock,
롭 슈나프 Rob Schnapf
레이블: DGC

WHITE BLOOD CELLS

앨범 해설

디트로이트의 2인조 잭과 메그 화이트 Jack and Meg White를 상업적 성공으로 이끈 이 엘피(세 번째 정규 앨범)는 거침없는 기타와 뛰어난 작곡이 어우러진 로큰롤 속으로 한바탕 질주하게 해 준다. 녹음하는 데에 4일이 걸리지 않은 이 음반은 날것 그대로의 느낌과 아울러 이 밴드의 생생한 에너지를 담아낸다. 자의식 없는 직선적인 록을 선보이는 『White Blood Cells』는 좋은 위스키와 썩 잘 어울린다. 버번이나 호밀 위스키라면 더욱 좋다.

바늘을 올리기 전에

친구 몇몇을 초대하면서 각자 위스키를 한 병씩 가져오게 한다.

SIDE A 위스키 생거리 Whiskey Sangaree

이것은 보기에 아름답고 마시기에도 좋은 오래된 칵테일이다. 우리는 이 술이 거친 로큰롤이 표방하는 찬란한 모든 것을 담아낸 이 앨범과 완벽하게 어울린다고 생각한다. 상그리아가 이 술에서 유래됐지만 그 우르릉거리는 느낌은 간직하고 있다.

위스키 60ml
데메라라 설탕 ½작은술
물 1작은술
클럽 소다 60~90ml
루비 포트 15ml

온더락 잔에 위스키와 설탕, 물을 넣고 설탕이 녹을 때까지 젓는다. 잔에 얼음을 채우고 클럽 소다를 붓는다. 그 위에 포트를 플로팅(층층이 쌓기)한다.

SIDE B 위스키 시음회 Whiskey Tasting (52쪽 참조)

THE WHITE STRIPES

HOW TO HOST A WHISKEY TASTING

'위스키 시음회'를 여는 법

준비물
연필, 흰색 종이(손님 1인당 1장) | **물을 담은 피쳐**(여러 개)
시음용 잔(또는 주둥이가 넓은 잔이면 뭐든지) | **갈색 종이 봉지**(블라인드 테스트를 계획하는 경우)

술을 좋아하는 친한 친구들에게 제각기 다른 위스키를 한 병씩 가져오게 하여 밤새도록 프로처럼 술을 평가한다. 맛을 감별하는 기본 능력을 키워 두면 좋은 술과 나쁜 술을 구별할 수 있을 뿐 아니라, 좋아하지 않는 술이라도 어떤 제품이 품질이 좋은지 알 수 있다. 그리고 그것이 진정 성숙한 미각이며, 여러분에게 의견을 가질 자격을 부여한다는 말씀.

준비 단계

1. 손님마다 연필과 종이를 하나씩 주고, 유리잔은 구할 수 있는 대로 최대한 구해 놓는다. 좌석마다 잔을 서너 개 준비해 두고 각 손님이 여러 병의 술을 동시에 비교할 수 있게 하면 이상적이다. 물을 담은 피처를 손님마다 하나씩 사용할 수 있도록 준비한다.

2. 블라인드 테스트라면 병을 종이 봉지에 넣고 번호를 붙인다(우리는 손님이 가져오는 술을 접수할 때 다른 손님이 보지 못하도록 최대한 신경을 쓰는 편이다).

3. 각 손님에게 잔 개수만큼 30ml씩 샘플을 채운다. 예컨대 손님이 잔을 세 개 가지고 있다면 1번부터 3번 병까지 30ml씩 따른다.

4. 각 술에 메달을 부여하는 방식은 아래와 같다.

금메달: 내가 아끼며 소장하고 싶은 술
은메달: 친구에게 선물로 주고 싶은 술
동메달: 마트에서 사고 싶은 술

5. 참가자들에게 시음하는 모든 술에 순위를 매겨야 한다는 점을 상기시킨다.

평가 단계

1. 첫 번째 잔 뒤에 백지를 대고 술이 어떻게 보이는지를 적는다. '무색/투명'이 될 수도 있고, '밥 아저씨 그림의 쓸쓸한 농가에 가을 햇살이 비치는 서정적 풍경이 떠오르는 고동색'이 될 수도 있다. 어떻게 적든 간에 곧 맛보게 될 술에 대해 많은 것을 알려 준다.

2. 다음은 '코'이다. 위스키의 냄새를 맡을 때는 입을 벌린 채 맡는다. 입과 코로 동시에 숨을 들이쉬며 맡기 위해서이다. 잔이 너무 깊어 향이 별로 나지 않으면, 잔을 작은 접시로 덮은 채 몇 초간 두었다가 접시를 치우고 냄새를 맡아 본다. 어떤 방법을 쓰든 잔의 내용물을 최대한 느끼고, 그것이 기분 좋고 달갑든 밋밋하든 역겹든 그대로 적는다. 자신의 코를 믿는다. 여기서 무엇이 기대되는지가 정해질 것이다.

3. 첫 번째 시음을 한다. 첫 번째와 두 번째 시음에서는 물을 섞지 않는다. 한 모금 머금고 입안에서 굴린다. 입안으로 공기를 조금 빨아들여 입안의 액체를 씹어 본다. 물론 어색하다. 그래도 시도한다. 위스키를 — 또는 예컨대 메스칼을 — 한 모금씩 마실 때, 첫 모금에 여러분의 맛봉오리는 머리를 한 대 제대로 얻어맞은 것처럼 정신이 번쩍 들게 된다. 입안이 완전히 압도되기 때문에 맛을 그다지 느끼지 못할 수도 있다.

4. 45초를 기다렸다가 다시 한 모금을 머금는다. 이번에는 미각이 좀 더 살아나면서 맛을 더 깊이 느낄 수 있다. 술이 더 부드럽게 느껴지고, 혀에서 느끼는 충격이 덜할 것이다. 굉장하지 않은가? 45초 전과 후에 느끼는 맛은 사뭇 다르다. 액체의 점도가 묽은지 진한지를 생각한다(도수가 높을수록 진하게 느껴진다). 구별할 수 있는 맛을 그대로 적는다. 여기서 정답은 없다. 느껴질 만한 맛을 몇 가지 나열해 본다면 오크, 태피, 커피, 캐러멜, 민트, 커리, 아니스 등과 같을 것이다.

5. 다음에는 물을 조금 섞는다. 경험으로 볼 때 20~30% 정도가 좋다. 입안에 남아 맛을 내는 액체를 기준으로 보면 몇 방울 또는 작은술로 반 숟가락도 되지 않을 것이다. 알코올 도수를 낮추면 특히 도수가 높은 술일수록 더 많은 맛이 드러날 것이다. 처음에 혀가 타는 것 같다거나 뜨겁다고 인식되던 것이 이제 적당히 완화되어 갖가지 미묘한 맛이 느껴진다.

6. 맛을 적는다. 깊이를 가늠해 본다. 복잡한 정도를 가늠해 본다. 끝 맛에 주의를 기울인다. 긴가, 짧은가? 생각지 못한 향이나 맛이 있는가?

7. 휴, 힘드네. 이제 술의 등급을 매긴다. 여러 가지 술을 평가하는 기술을 닦고, 그중 꼭 하나를 외딴섬으로 가져간다고 할 때 어떤 술을 어떤 이유에서 고를지 결정하는 것은 중요하다.

8. 따진다. 모두 모여 술의 순위에 대해 의견이 일치할(또는 의견이 일치되지 않는다는 데 의견이 일치될) 때까지 서로 평가표를 비교하며 토론한다.

CHAPTER 2

DANCE 댄스

제임스 브라운 앤 더 페이머스 플레임스 James Brown and the Famous Flames 토요일 밤의 열기 Saturday Night Fever 블론디 Blondie 토킹 헤즈 Talking Heads 마이클 잭슨 Michael Jackson 마돈나 Madonna 프린스 Prince 더 포그스 The Pogues 런 디엠씨 Run-D.M.C. 데 라 소울 De La Soul 어 트라이브 콜드 퀘스트 A Tribe Called Quest 비요크 Björk 로린 힐 Lauryn Hill 레이디 가가 Lady Gaga

파티! 여러분이 즐기는 게 디스코든 가가든, 이 장은 춤을 좋아하는 모든 사람을 댄스 플로어로 불러낸다. 여기 소개하는 앨범은 더 포그스의 아일랜드 지그에서부터 마이클 잭슨의 「Thriller」가 선보이는 문워크에 이르기까지 모든 것을 하게 만들 것이다. 토킹 헤즈와 함께 티키 칵테일에 빠져들 채비를 갖추고, 마돈나를 들으며 **비트윈 더 시트**(71쪽)를 들고 자리 잡으며, 블론디의 『Parallel Lines』에 맞춰 하이킥을 몇 차례 날리면서 뉴욕의 전설적 명소인 맥스 캔자스시티에서 유래된 오리지널 칵테일 맛을 보자.

프린스나 제임스 브라운에 맞춰 리듬을 타기 전에 한 마디. 음반은 잘 튄다. 두어 가지 팁: 턴테이블을 벽 선반 위에 두면 바닥 진동의 영향을 받지 않는다. 아니면 춤추는 발에서 발생하는 진동을 흡수할 만한 무거운 가구 위에 둔다. 테니스 공 두 개로 간단하게 해결하는 방법도 있다. 공을 반으로 잘라 턴테이블 밑 네 귀퉁이를 받치면 된다. 그리고 나아아아면 — 칵테일을 준비한 카트를 밀고 나서자. 조명을 어둑하게 하자. 그리고 몸을 흔들자.

LIVE AT THE APOLLO

JAMES BROWN AND THE FAMOUS FLAMES

APOLLO 1963

아티스트: 제임스 브라운 앤 더 페이머스 플레임스 James Brown and the Famous Flames   앨범: Live at the Apollo
장르: 소울, R&B   언제 들을까?: 춤추고 싶을 때

앨범 해설

이 엘피는 절대적 전성기에 다다른 제임스 브라운의 흉내 낼 수 없는 27분을 담고 있다. 놀랍게도 이것은 1962년 10월 24일 뉴욕 할렘의 아폴로에서 열린 공연을 완전히 자체 녹음한 것이다. 때는 수요일 밤이었는데, 보통 수요일은 아마추어들의 공연일이라 브라운은 청중이 특히 소란스러우리라는 것을 알고 일부러 이날을 골랐다. 브라운의 예상은 맞아떨어졌다. 앨범은 나오자마자 히트를 쳤고, 전국의 라디오 방송국이 이 앨범을 통째로 틀기 시작했다. 『Live at the Apollo』는 아마도 엘피 음반에 담긴 최고의 라이브 공연으로 역사에 기록될 것이다.

바늘을 올리기 전에
술을 따라 놓고 역사상 가장 뛰어난 댄서 중 한 명과 인생 최고의 반 시간을 보낼 준비를 갖추자.

갓파더 칵테일 Godfather Cocktail

'소울의 대부'라 불리는 때가 많은 브라운을 기리는 이 세련된 칵테일은 스카치와 아마레토를 단순하게 조합한 것이다. 스카치 대신 보드카를 쓰면 갓마더(Godmother)가 된다. 필수는 아니지만 약간의 오렌지 껍질이 있으면 이 칵테일에 활력이 더해진다. 우리는 라프로익 1바스푼을 더하여 불향을 낸 맛을 좋아한다. 참고: 오리지널 갓파더(Godfather)는 말론 브란도가 가장 좋아하는 술이었다는 소문이 있다.

스카치 45ml
아마레토 리큐어 22ml
라프로익 1바스푼(1작은술, 없어도 무방)
오렌지 껍질(장식용)

재료를 얼음과 함께 저어, 얼음을 채운 온더락 잔에 걸러 붓는다. 오렌지 껍질로 장식한다.

나이트 트레인 Night Train

죽지 마라. 정말이다. 경고가 없었다느니 하는 말은 하기 없기다. 이것은 잠을 깨고 보니 다른 도시에서 바지도 지갑도 없어졌더라는 경험을 하게 만드는 술이다. 그렇지만 한두 잔이라면? 춤을 추느라 그 바지가 벗겨질 것이다. 그 정도 에너지다. 출발!

에스프레소 60ml
보드카 45ml
프란젤리코 30ml

재료를 얼음과 함께 흔든 다음, 차게 식힌 칵테일 잔에 걸러 붓는다.

프로듀서: 제임스 브라운(1차 발매), 해리 와잉거 Harry Weinger(Polydor 재발매)   레이블: King

SATURDAY NIGHT FEVER SOUNDTRACK

MULTIPLE ARTISTS

아티스트 여러 아티스트　**앨범** Saturday Night Fever Soundtrack (1977)
장르 디스코　**언제 틀까?** 스튜디오 54 파티

앨범 해설: 존 트라볼타John Travolta가 주연한 영화 『토요일 밤의 열기Saturday Night Fever』의 사운드트랙은 세계적으로 엄청난 반향을 일으켰다. 대중에게 디스코 현상을 불러온 이 앨범은 주로 비지스Bee Gees가 작곡했는데, 비지스는 그중 많은 부분을 어느 주말 동안 단번에 썼다. 이제껏 그래미 상을 받은 세 장의 사운드트랙 중 하나인 (나머지 둘은 『보디가드The Bodyguard』와 『오 형제여, 어디에 있는가?O Brother, Where Art Thou?』) 이 앨범은 순수한 댄스파티이다. 레저 슈트를 걸치고 부기를 즐길 준비를 하자. 디스코 시대에 뉴욕의 스튜디오 54는 단연 인기 클럽이었다. 그러니 클럽 분위기를 한껏 내자.

바늘을 올리기 전에: 가까운 중고품 가게에 가서 폴리에스터 옷가지를 얼마간 구해 둔다.

SIDE A

하비 월뱅어
Harvey Wallbanger

1970년대에 유행한 이 술에서는 갈리아노의 희미한 바닐라 맛과 아니스 향이 정말로 기분 좋게 빛난다. 일반적으로는 주스로 오렌지만 사용하지만, 우리는 레몬을 추가하여 약간의 신맛을 낸다. 참고: 보드카 대신 데킬라를 넣으면 **프레디 퍼드퍼커**(Freddy Fudpucker)가 된다.

보드카 45ml
갈리아노 15ml
신선한 오렌지 주스 60ml
신선한 레몬 주스 7.5ml
오렌지 슬라이스(장식용) 1개

재료를 얼음과 함께 흔든 다음, 차게 식힌 칵테일 잔에 걸러 붓는다. 오렌지 슬라이스로 장식한다.

SIDE B

톰 콜린스
Tom Collins

이 클래식 칵테일은 19세기 초에 처음 등장했는데 처음 나온 그때부터 매우 인기가 높았다. 우리 시대에 더 가깝게는 70년대에 디스코에서 인기 있는 술로 두각을 드러냈다. 가볍고 산뜻하기 때문에 레저 슈트와 폴리에스터 옷차림으로 땀을 흘리는 사람들에게 이상적인 댄스 칵테일이다.

진 60ml
신선한 레몬 주스 22ml
심플 시럽 22ml(213쪽 참조)
클럽 소다 90ml
마라스키노 체리(장식용)
오렌지 슬라이스(장식용)

진과 레몬 주스, 심플 시럽을 얼음과 함께 흔든 다음, 얼음을 채운 콜린스 잔에 걸러 붓는다. 그 위에 클럽 소다를 붓는다. 체리를 오렌지 슬라이스로 감싸 꼬치에 꿰어 장식으로 사용한다.

보너스 트랙

『토요일 밤의 열기』를 보지 않았다면 꼭 미리 봐 두자. 아니면 앨범을 틀어 놓고 벽면에 프로젝터로 틀어 두자.

프로듀서: 빌 오크스Bill Oakes(음악 감독)   레이블: RSO

BLONDIE
PARALLEL LINES

1978

아티스트: 블론디 Blondie
앨범: Parallel Lines
장르: 뉴 웨이브, 팝 록
언제 들을까?: 펑크 록 티 파티

앨범 해설

블론디가 내놓은 이 세 번째 음반은 평론가들로부터 완벽한 팝 록 앨범이라는 찬사를 받았고, 싱글곡 「One Way or Another」와 「Heart of Glass」가 히트를 치면서 블론디는 전 세계에서 유명 밴드로 떠올랐다. 포스트 펑크를 벗어나 순수 팝으로 전향한 이 밴드는 달콤한 멜로디 사이로 노동자 계층의 거친 느낌을 여전히 유지한다. 이 앨범은 무엇보다도 리드 싱어인 데비 해리Debbie Harry의 인상을 언제든 한 방이 있는 목소리를 날릴 태세로 가르랑거리는 새끼 고양이로 굳혀 놓았다. 소녀 시절 자신이 마릴린 먼로의 잃어버린 딸이라고 상상하며 자라난 그녀는 이 앨범에서 눈부신 금발 가수로 모습을 드러낸다.

바늘을 올리기 전에

1980년 어느 런던 호텔에서 데비 해리가 수지 수Siouxsie Sioux(수지 앤 더 밴시스Siouxsie and the Banshees)와 크리시 하인드Chrissie Hynde(프리텐더스The Pretenders) 등 다른 여성 로커들을 위해 주최했다고 하는 유명한 펑크 록 티 파티를 떠올리자. 이 파티는 데비 해리와 당시 남자 친구이자 협력자이던 크리스 스타인Chris Stein이 함께 출간한 책 『네거티브Negative』에 세밀하게 기록되어 있다.

골든 캐딜락
Golden Cadillac

뉴욕의 쿨한 젊은이들은 다들 로커들의 이름을 딴 술을 제공하는 식당 겸 나이트클럽인 맥스 캔자스시티에서 시간을 보냈다. 메뉴의 첫 번째 술은 이랬다. '블론디 — 갈리아노, 크렘 드 카카오, 좋은 머리가 들어간 실크처럼 부드러운 폭탄.' 이 매력적인 칵테일은 합당하게도 **골든 캐딜락**이라고 불린다.

> 갈리아노 30ml
> 화이트 크렘 드 카카오 60ml
> 라이트 크림 30ml(없으면 생크림)

재료를 얼음과 함께 흔든 다음, 차게 식힌 칵테일 잔에 걸러 붓는다.

프렌치 블론드 칵테일
French Blonde Cocktail

여러분의 유리 심장을 뛰게 만들 새콤달콤한 이 매력적인 술은 파티를 즐겁게 만드는 단골 칵테일이다. 레몬 비터스는 구하기가 어려운 만큼 없다면 그냥 뺀다. 그래도 이 술은 여전히 훌륭하다.

> 런던 드라이 진 30ml
> 릴레 블랑 60ml
> 생제르맹 리큐어 15ml
> 레몬 비터스 2대시
> 신선한 자몽 주스 60ml
> 자몽 껍질(장식용)

간식거리

펑크 록 티 파티 샌드위치 Punk Rock Tea Party Sandwiches

여성 로커들의 오후 파티에 가까운 친구들을 초대하자. 블론디 음반을 걸어 놓고, 칵테일을 섞고(215쪽 참조), 블랙 티를 한 주전자 준비하고, 티 샌드위치를 한두 접시 내놓는다. 이 네 가지 조합은 달콤한 **골든 캐딜락**(63쪽)과 새콤한 **프렌치 블론드**(63쪽)와 특히 잘 어울린다. 티 샌드위치는 차갑게 내놓는 것이 가장 좋다.

생 염소젖 치즈 + 레몬 제스트 + 오이 슬라이스

생 염소젖 치즈에 1작은술 정도의 레몬 제스트를 으깨 넣는다(소금을 한 꼬집 넣어도 좋다). 신선한 흰색 식빵이나 갈색 식빵 두 장에 펴 바른 다음, 얇게 썬 오이를 얹고 두 장을 붙여 누른다. 껍질 부분을 잘라 내고 차게 식힌다.

훈제 연어 + 발효 버터 + 무순

품퍼니켈 빵으로 만들어 보자. 바르기 쉽도록 버터를 부드럽게 만든 다음, 빵 사이에 훈제 연어 슬라이스와 무순 한 줌을 넣는다. 무순을 구할 수 없으면 대신 신선한 딜이나 오이 슬라이스, 물냉이 또는 세 가지 모두를 쓰면 된다.

훈제 칠면조 + 체다 치즈 + 사과 슬라이스 + 세이지

흰색이나 갈색 식빵 두 장에 마요네즈를 얇게 바른 다음, 그 사이에 재료를 차곡차곡 넣는다. 또는 구운 바게트 조각에 재료를 올려 놓고 그 위에 사과 슬라이스(갈변하지 않게 레몬 즙을 입힌다)를 부채꼴로 얹은 다음, 접시에 담아 채 썬 세이지를 뿌린다.

딸기 + 리코타 치즈 + 오렌지꽃꿀 + 민트

위쪽을 빵으로 덮지 않은 이 티 샌드위치에는 스위트 브레드나 파운드 케이크 슬라이스를 사용한다. 리코타 치즈를 듬뿍 얹고 꿀을 뿌린 다음, 딸기 슬라이스와 저민 민트를 올린다. 신선한 무화과에 약간의 오렌지 제스트를 뿌려 올려도 된다.

REMAIN IN LIGHT
TALKING HEADS

아티스트: 토킹 헤즈Talking Heads
앨범: Remain in Light

1980

장르: 뉴 웨이브, 펑크, 월드 비트, 실험 록
언제 틀까?: 티키 파티

앨범 해설

아프리카의 폴리리듬이 반복되는 트랙으로 여러 장르를 뭉뚱그린 토킹 헤즈의 네 번째 정규 앨범이 꾸준한 매력을 간직하는 이유는 (파티같이 듣기 좋다는 점 말고도) 당시 그것이 놀라우리만치 대담했다는 — 그리고 여전히 대담하게 들린다는 — 데에 있다. 독특하고 응집력이 강한 이 앨범은 황홀한 느낌을 주기에 각양각색의 모임이나 바비큐 파티의 배경 음악으로 매우 훌륭하다. 다양한 문화의 영향으로 인해 세계 대전 이후 유행한 폴리네시아풍 칵테일인 티키를 곧장 떠올리게 된다. 이 창의적 밴드의 걸작에 어울리는 이상적인 술이다.

바늘을 올리기 전에

티키 머그잔과 허리케인 글라스가 필요할 테니 중고품 가게나 할아버지 댁 창고에 들르자. 양념이 강한 핫윙 같은 음식과 함께 속을 파낸 멜론이나 파인애플에 과일 샐러드를 담아낸다.

SIDE A 마이 타이 Mai Tai

마이 타이는 열대 호텔 바에서 너무 달게 만드는 일이 많아 애석하게도 좋지 못한 평을 듣고 있지만, 제대로 만든다면 이제까지 발명된 최고의 칵테일 중 하나로 손색이 없다. 트레이더 빅스 레스토랑의 대표 칵테일인 이 술은 1940년대부터 미각을 자극해 온 클래식이다. 아몬드 시럽인 오르자는 주류 판매점이나 온라인으로 구입할 수 있다.

다크 럼 30ml
앰버 럼 30ml
오렌지 큐라소 15ml
신선한 라임 주스 30ml
오르자 7.5ml
라임 휠(장식용)
민트 가지(장식용)

재료를 얼음과 함께 흔든 다음, 얼음을 채운 온더락 잔에 걸러 붓는다. 라임이나 민트 가지로 장식한다.

SIDE B 미셔너리스 다운폴 Missionary's Downfall

돈 더 비치코머 레스토랑의 걸작품으로서 역대 최고의 신선한 칵테일 중 하나인 이 술은 너무나 상쾌하고 가볍기 때문에 왜 다이커리 같은 인기를 누리지 못하고 있을까 궁금한 마음이 들 것이다. 이 작은 칵테일은 블렌더 파티를 완전히 새로운 차원으로 올려놓는다.

2인분(또는 곱빼기 1인분)

라이트 럼 60ml
피치 브랜디 30ml
허니 시럽 60ml(꿀과 물 1:1)
신선한 라임 주스 30ml
깍둑썰기한 생 파인애플 ½컵
느슨하게 담은 민트 잎 ¼컵
민트 가지 몇 개(장식용)

재료를 1컵 정도의 얼음과 함께 블렌더에 넣고 돌린다. 차게 식힌 칵테일 잔 두 개에 나눠 부은 다음, 민트 가지로 장식한다.

간식거리! 티키 파티 믹스 Tiki Party Mix

이 달콤 짭짤한 간식거리는 럼 칵테일과 환상적인 조합이다. 취향에 따라 다음과 같은 것들로 대치하거나 곁들여도 좋다 — 팝콘, 말린 망고나 말린 파파야, 캐슈너트, 아몬드, 여러 가지 시리얼이나 작은 크래커.

오븐을 150°C로 예열하고 베이킹 트레이에 베이킹 페이퍼를 깐다. 처음 네 가지 재료를 커다란 믹싱 볼에 넣고 섞는다. 작은 접시에 녹인 코코넛 오일과 향신료를 섞어, 앞서 섞은 것 위에 부은 다음 쿠키 시트 위에 펴 놓는다. 45분간 굽는다. 굽는 동안 15분마다 저어 준다. 쿠키 시트를 오븐에서 꺼내 말린 파인애플과 바나나 칩, 코코넛을 첨가한다. 큰 숟가락으로 섞는다. 파티 믹스를 식힌 다음 잘 밀봉된 용기 안에 보관해 두었다가 내놓는다.

골드피시 크래커 2컵
작은 브레첼 2컵
통밀 첵스 시리얼 2컵
캐슈너트 또는 피칸 1컵
녹인 코코넛 오일 3큰술
고춧가루 1작은술
쿠민 가루 ½작은술
말린 파인애플 저민 것 1컵
말린 바나나 또는 플랜테인 칩 1컵
구운 코코넛 플레이크 ½컵

프로듀서: 브라이언 이노 Brian Eno   레이블: Sire

Michael Jackson
THRILLER

1982

아티스트:
마이클 잭슨
Michael Jackson

앨범:
Thriller

장르:
팝 록, 포스트 디스코,
펑크, R&B

언제 틀까?:
할로윈 파티

앨범 해설
1980년대를 산 사람이라면 당대의 엘비스인 마이클 잭슨의 짜릿한 공연을 잊을 수 없을 것이다. 그가 춤을 추는 에로틱하고 신기한 영상을 본 미국의 10대라면 누구나 자기 집 지하실에 깔린 카펫 위에서 문워크를 연습하고 싶은 충동에 휩싸였다. 마이클 잭슨의 여섯 번째 정규 앨범인 『Thriller』는 전례 없이 8개의 그래미 상을 휩쓸었고 차트 순위가 급격하게 올라가 역사상 가장 많이 팔린 앨범이 되었다. 히트 싱글로 가득한 이 앨범은 일반적인 할로윈 파티나 80년대를 기리는 기념 파티 음악으로 딱이다.

바늘을 올리기 전에
춤 동작을 연습해 두고 중고품 가게에서 80년대 복장을 얼마간 준비한다. '팝의 황제'는 빨간 가죽 재킷, 흰 슈트, 선글라스, 번쩍이는 장식을 즐겼다.

A 좀비 #2 Zombie #2

트레이더 빅스의 클래식한 이 칵테일로 파티를 시작한다. 이 레스토랑은 약간의 천재성을 발휘하여 손님에게 이 훌륭한 칵테일을 1인당 두 잔으로 제한했다. 물론 이는 주문이 확 느는 결과만 낳았다. 이것은 본격적인 럼 폭탄이다. 장식을 마구 얹자!

- 라이트 럼 22ml
- 숙성된 럼 22ml
- 그랑 마니에르 15ml
- 그레나딘 시럽 7.5ml(212쪽 참조)
- 신선한 오렌지 주스 45ml
- 깍둑썰기한 생 파인애플 75ml
- 신선한 레몬 주스 30ml
- 신선한 라임 주스 15ml

재료를 1컵 정도의 얼음과 함께 섞는다. 차게 식힌 허리케인 글라스나 원한다면 티키 머그잔에 빨대와 함께 내놓는다.

프로듀서: 퀸시 존스 Quincy Jones　레이블: Epic/CBS

B 문워크 Moon Walk

우리는 마이클 잭슨과 고급 샴페인이 잘 어울린다고 생각한다. 당신도 그럴 것이다. 이 레시피는 닐 암스트롱이 달에 첫발을 내디딘 것을 기념하여 사보이 호텔의 바텐더 조 길모어 Joe Gilmore가 만들었다. 이 칵테일을 쟁반 가득 담아 문워크로 친구들에게 내놓으면 어떨까?

- 그랑 마니에르 30ml
- 신선한 자몽 주스 30ml
- 장미수 2~4방울
- 샴페인 또는 스파클링 와인 105ml
- 자몽 껍질(장식용)

자몽 주스와 그랑 마니에르를 샴페인 잔에 붓고, 장미수 몇 방울을 조심조심 떨어뜨린다. 저은 다음 샴페인을 가득 채운다. 자몽 껍질 한 굽이로 장식한다.

보너스 트랙: 할로윈 파티 아이디어가 필요하다면? 「Thriller」 비디오를 보라. 좀비가 가득하다.

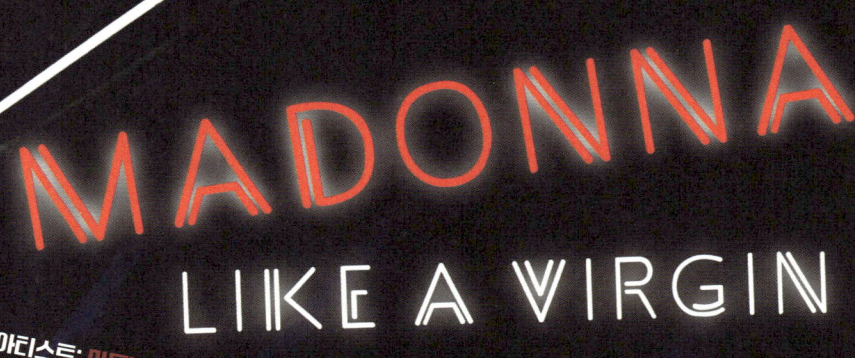

MADONNA
LIKE A VIRGIN
1984

아티스트: 마돈나Madonna **앨범:** Like a Virgin
장르: 팝 **언제 틀까?:** 1980년대 댄스파티

앨범 해설 도발하기를 좋아한 뷔스티에 차림의 마돈나만큼 1980년대를 잘 표현하는 것은 없다. 1984년 MTV 뮤직비디오 시상식에서 거대한 웨딩케이크에서 내려와 발정 난 코러스 걸처럼 바닥에서 몸부림치던, 미국의 모든 부모가 소파에 앉은 채 부들부들 떨게 만든 그 공연을 누가 잊을 수 있을까? 무알콜(이 아니라도) 음료를 얼마간 준비하고, 옷장을 뒤져 뭔가 터부에 해당되는 것을 찾아낸 다음, 더없이 단순하면서도 더없이 선정적인 가사를 따라 부를 준비를 하자.

바늘을 올리기 전에 마돈나 비디오를 얼마간 본 다음 중고품 가게에서 손가락 없는 장갑, 청재킷, 팔찌, 레이스로 된 것들을 구한다. 분위기를 타기까지 약간의 자극이 필요한 손님들을 위해 빗과 헤어스프레이를 준비한다.

SIDE A
비트윈 더 시트
Between the Sheets

뭔가를 암시하는 듯한 이름이 붙은 이 칵테일은 종류가 다른 두 가지 술을 섞으면 금방 취한다고 생각했던 금주법 시대로 거슬러 올라간다. 우리가 해 봤을 때 실제로는 그렇게 금방 취하지 않았다. 그러나 이 칵테일은 짜릿한 맛을 내는 조합이며, 마돈나 댄스파티를 즐기다가 침대에서 깨어날 가능성은 언제나 열려 있다.

화이트 럼 30ml
코냑 30ml
쿠앵트로 30ml
신선한 레몬 주스 15ml
레몬 트위스트(장식용)

재료를 얼음과 함께 흔든 다음, 차게 식힌 칵테일 잔에 걸러 붓는다. 레몬 트위스트로 장식한다.

SIDE B
뷰티 스폿
Beauty Spot

은막의 신인 스타에게는 흠이 되겠지만 마돈나에게는 트레이드마크가 된 얼굴 점에 찬사를! 이 칵테일은 『아티스트 The Artist』(2011)라는 영화에서 영감을 받은 젠 마셜 Jen Marshall이 브루클린의 나이트호크 시네마에서 만들었다. 클래식한 비주(178쪽)와 재료가 비슷하지만, 같은 양씩 넣어야 하는 비주와는 달리 양을 '배수'로 배합한 이 술은 맛의 균형이 잘 잡힌 칵테일이다.

진 60ml
스위트 베르무트 30ml
그린 샤르트뢰즈 15ml
오렌지 트위스트(장식용)

재료를 얼음과 함께 저은 다음, 칵테일 잔에 걸러 붓는다. 오렌지 트위스트로 장식한다.

프로듀서: 닐 로저스 Nile Rodgers, 마돈나, 스티븐 브레이 Stephen Bray   레이블: Sire

Prince
Purple Rain

1984

아티스트: 프린스 Prince
앨범: Purple Rain
장르: 팝, 펑크, R&B
언제 틀까?: 남장, 여장 파티

앨범 해설 친애하는 여러분, 우리는 오늘 같은 제목의 영화 『퍼플 레인 Purple Rain』의 사운드트랙인 프린스의 전설적 앨범을 듣기 위해 이 자리에 모였습니다. 이제 기타를 연주하며 성별 구분을 무의미하게 만드는 157cm짜리 천재만이 할 수 있는 방식으로 야릇해질 시간입니다. 이것이 파티 앨범이라는 사실을 잊지 맙시다. 다섯 곡의 싱글을 낳은 파티 앨범입니다. 글램, 인더스트리얼, 팝이 모두 한꺼번에 들어가 있는 이 엘피에서는 생명력이 물씬 배어나는 한편 앨범 자체가 기이한 자서전 역할을 합니다(영화는 대충 프린스의 미니애폴리스 시절을 바탕으로 한다). 자줏빛 바 냅킨을 준비하고, 다이아몬드와 진주를 최대한 동원하여 자신을 꾸밉시다. 그리고 프릴, 프릴을 잊지 마세요.

바늘을 올리기 전에 친한 이성 친구의 옷장을 습격한다. 그런 다음 욕망의 억제를 모두 벗어던지고 마음껏 즐기자.

에이비에이션
Aviation

이 멋진 자줏빛 칵테일과 함께 비상하자! 원래 초기 비행사 찰스 린드버그Charles Lindbergh와 어밀리아 에어하트Amelia Earhart를 기념하기 위해 만든 이 술은 망각 속으로 사라졌다가 최근 수제 칵테일의 부활로 포효하듯 되살아났다. 크렘 이베트는 다른 것으로 대체할 수 있지만 크렘 드 비올레트는 찾아볼 가치가 있다. 우리는 이 술이 여러분의 레퍼토리에서 주요 칵테일이 될 것이라고 확신한다.

진 52ml
마라스키노 리큐어 7.5ml
크렘 드 비올레트 1~2작은술
신선한 레몬 주스 22ml
심플 시럽 7.5ml(213쪽 참조)
레몬 트위스트(장식용)

재료를 얼음과 함께 흔든 다음, 차게 식힌 칵테일 잔에 걸러 붓는다. 레몬 트위스트로 장식한다.

폴른 엔젤
Fallen Angel

이 칵테일은 술에 대한 글을 쓰는 작가 게리 리건Gary Regan이 뉴욕의 드로버스 탭 룸에서 가져와 소개함으로써 알려졌다. 원래 레시피에서는 바카디 리몬을 사용하지만 여기서는 신선한 레몬 주스로 대체했다. 라벤더 색인 데다가 거품이 넘치는 만큼 프린스와 매우 잘 어울린다.

화이트 럼 30ml
트리플 섹 7.5ml
크랜베리 주스 7.5ml
신선한 레몬 주스 7.5ml
샴페인 또는 스파클링 와인 30ml

럼, 트리플 섹, 크랜베리 주스, 레몬을 얼음과 함께 흔든 다음, 차게 식힌 칵테일 잔에 걸러 붓는다. 그 위에 샴페인을 붓는다.

프로듀서: 프린스와 레볼루션Prince and the Revolution   레이블: Warner Bros.

아티스트 더 포그스 The Pogues **앨범** Rum Sodomy & the Lash (1985) **장르** 켈틱 펑크, 켈틱 록, 포크 펑 **언제 틀까?** 성 패트릭 축일

앨범 해설 한 잔 할까? 이보다 더 소란스럽고 더 춤추기 좋고 더 술에 쩐 앨범이 나온 적이 없으니까. 친구들과 함께 술에 흠뻑 젖은 채로 지그에 몸을 맡길 준비를 하자. 생생한 이야기가 가득하고 역사가 뚝뚝 방울져 떨어지는 더 포그스의 두 번째 앨범은 로맨스와 정치, 매력적 캐릭터들이 즐비한 구불구불한 조약돌 길이다. 전통 음악과 록 사이에서 그들만의 사운드를 개척하면서, 이 음반은 뒤통수를 한 대 때리고 또 한 대 때릴 수 있는 그들만의 세계를 구축했다. 음반이 끝날 무렵이면 양손에 술을 쥐고 있을 것이고 더없이 행복할 것이다.

바늘을 올리기 전에 녹색 장식물을 덕지덕지 붙여 완전히 아일랜드 분위기를 내거나, 아니면 잡다한 건 모두 집어치우고 — 아마도 더 포그스처럼 — 흐르는 술에 집중한다.

SIDE A

샷 오브 제임슨 앤 어 하프
Shot of Jameson and a Harp

약간의 아일랜드 맛. 아이리시 병맥주와 제임슨 샷을 마시며 아이리시 록에 맞춰 춤추며 보내는 하룻밤에는 비길 것이 없다. 어서 들 잔을 비워라.

제임슨 1샷
하프 라거 1병

위스키와 맥주를 나란히 놓고, 푸르디푸른 고향의 잔디에 대해 이야기한다.

SIDE B

티퍼래리 칵테일
Tipperary Cocktail

이 클래식은 아일랜드 남부의 지명을 딴 이름이 붙었다. 대체로 다른 곳에 비해 부드러운 아일랜드 산 위스키가 물론 주인공이다. 그리고 밝은 초록색 샤르트뢰즈와 허브 리큐어가 가미된다.

아이리시 위스키 60ml
스위트 베르무트 22ml
그린 샤르트뢰즈 15ml
레몬 트위스트 (장식용)

재료를 얼음과 함께 저은 다음, 차게 식힌 칵테일 잔에 걸러 붓는다. 레몬 트위스트로 장식한다.

프로듀서: 엘비스 코스텔로 Elvis Costello, 필립 셰브론 Philip Chevron   레이블: MCA, Stiff, Warner Bros

RAISING HELL
RUN DMC

1986

아티스트: 런 디엠씨 Run-D.M.C. **앨범**: Raising Hell **장르**: 힙합, 하드 록
언제 틀까?: 파티를 시작할 때

앨범 해설

이것은 런 디엠씨에게만 획기적인 앨범이 아니었다. 이것은 힙합이 그저 일시적인 유행이 아니라 상업적으로도 성립될 수 있다는 것을 보여 준 앨범이었다. 에너지와 자극, 사악한 라임이 가득한 런 디엠씨의 야망은 랩 최초의 진정한 걸작으로 자리매김한 음반으로 이어졌고, 판을 뒤집었을 뿐 아니라 영원한 파티 스타터로 남은 앨범이 되었다. 앨범이 에어로스미스 Aerosmith의 「Walk This Way」를 훌륭하게 따온 부분에 이를 때쯤이면 술이 본격적으로 넘어가고 있을 것이고, 끝날 때쯤이면 어쩌면 천장에서 돌아가는 실링팬에 속옷이 걸려 있을지도 모른다.

바늘을 올리기 전에

이 앨범을 파티의 첫 음반으로 삼을 것. 파티를 본 궤도에 올리는 데 실패하는 법이 없고, 손님들도 노래를 따라 부를 것이다.

피터 파이퍼 The Peter Piper

A면 첫 곡을 감상하며 분위기를 잡은 다음 매콤 새콤한 이 칵테일을 즐기자. 요리 방송 『클래시 레이디스』의 진행자인 알리 워드 Alie Ward와 조지아 하드스타크 Georgia Hardstark가 레시피를 만들었다. 참고: 후추 보드카는 집에서 쉽게 만들 수 있다. 우리는 보드카 한 병에 통후추를 2큰술 넣어 1주 정도 묵힌 다음 걸러 내는 방식으로 직접 만들기를 좋아한다.

후추 보드카 60ml
피클 물(코니숑 물) 15ml
드라이 베르무트 7.5ml
코니숑 2개

보드카와 피클 물, 베르무트를 얼음과 함께 젓는다. 차게 식힌 칵테일 잔에 걸러 붓고, 꼬치에 꿴 피클로 장식한다.

리틀 데블 Little Devil

1927년 해리 맥엘혼 Harry MacElhone이 펴낸 칵테일 명저 『술꾼과 칵테일 Barflies and Cocktails』에 수록된 이 맛있는 칵테일은 런던의 키로스에서 만들어졌다. 비교적 독특한 칵테일로, 생각보다 더 섬세하다.

진 22ml
화이트 럼 22ml
쿠앵트로 15ml
레몬 주스 15ml

재료를 얼음과 함께 흔든 다음, 차게 식힌 칵테일 잔에 걸러 붓는다.

프로듀서: 러셀 시몬스 Russell Simmons, 릭 루빈 Rick Rubin **레이블**: Profile, Arista

3 FEET HIGH AND RISING

DE LA SOUL 1989

아티스트 데 라 소울 De La Soul **앨범** 3 Feet High and Rising

장르 힙합, 컨셔스 힙합 **언제 틀까?** 집들이

앨범 해설

데 라 소울의 데뷔 앨범은 귀에 쏙쏙 들어오는 재치 있는 가사와 기분 좋은 감미로운 그루브가 특징이다. 총과 마약, 여자는 힙합의 클리셰이지만, 이 앨범은 거기에서 벗어나 다양한 영향을 기반으로 우스운 샘플링, 팔리아먼트 스타일 펑크, 아프리카의 리듬을 타고 떠나는 즐거운 나들이에 나선다. 장난스러운 음악을 기꺼이 들려주려 한 이들의 노력은 좋은 성과를 거두었다. 앨범이 평론가들로부터도 상업적으로도 큰 성공을 거두었고, 역대 최고의 앨범으로도 종종 꼽히기 때문이다.

바늘을 올리기 전에

이 앨범과 그에 어울리는 칵테일을 새로 보금자리를 마련한 가족에게 보내는 축복이라고 생각하자. 긍정적인 기운을 불러들이자(그리고 마시자).

SIDE A

큐피드 칵테일 Cupid Cocktail

셰리 샷 한잔이면 기분도 좋아지고 스태미나도 얻을 것이다(달걀 칵테일이 그렇다는 소문이 있으니까). 이 칵테일은 사랑이라는 벨벳 같은 감촉이 있고 넘김이 매끄럽다. 수줍어할 것 없다. 참고: 오리지널 레시피가 너무 달면 가루 설탕은 건너뛴다.

드라이 셰리(올로로소) 60ml
작은 달걀 1개
가루 설탕 1작은술
카옌 페퍼 1대시

재료를 얼음과 함께 강하게 흔든 다음, 차게 식힌 칵테일 잔에 걸러 붓는다.

SIDE B

플레임 오브 러브 Flame of Love

사연이 있는 이 칵테일은 오랫동안 할리우드의 사랑을 받아 온 로스앤젤레스의 체이슨스 레스토랑에서 나왔다. 1970년에 바텐더 페페 루이즈 Pepe Ruiz가 딘 마틴 Dean Martin을 위해 만든 술이다. 오렌지 껍질을 불꽃으로 지질 때 요령은 껍질을 동전 모양으로 여러 개 자르고, 그 껍질의 기름을 유리잔 쪽으로 (사람 쪽이 아니라) 짜내는 것이다. 바텐더들은 성냥을 사용하지만 라이터를 쓰면 더 쉬울 것이다. 그러면 기름에 불이 붙는다. 멋진 마술 쇼이다!

보드카 60ml
피노 셰리 7.5ml
오렌지 껍질(동전 크기로 자른 것) 3개

차게 식힌 칵테일 잔에 셰리를 부어 잔 안쪽에 두른 다음, 남는 것은 버린다. 오렌지 껍질 두 개를 하나씩 잔 위로 가져가 불꽃으로 지지며 기름을 잔 안에 짠다(짜고 난 껍질은 버린다). 믹싱 글라스에 보드카와 얼음을 넣고 저은 다음, 준비된 칵테일 잔에 걸러 붓는다. 남은 오렌지 껍질을 잔 위로 가져가 불꽃으로 지진 다음, 그것을 장식으로 사용한다.

프로듀서: 프린스 폴 Prince Paul, 데 라 소울   레이블: Tommy Boy, Warner Bros.

LOW END THEORY

1991
A TRIBE CALLED QUEST

아티스트: 어 트라이브 콜드 퀘스트 A Tribe Called Quest
앨범: Low End Theory

장르: 재즈 랩, 얼터너티브 힙합   **언제 틀까?**: 멋진 하우스 파티

앨범 해설

얼터너티브 힙합의 선구자인 트라이브의 두 번째 정규 앨범은 힙합과 차분한 재즈 분위기를 혼합한 최초의 음반 중 하나이다. 그 결과물은 「Check the Rhime」, 「Jazz(We've Got)」, 「Scenario」 같은 클래식이 포함된 훌륭한 플로우로 이루어진 앨범이다. 욕설이 없고 사회 문제를 다룬 이 음반은 전설적 재즈 연주자 론 카터 Ron Carter의 베이스 라인 위에 큐팁 Q-Tip이 라임을 맞추는 것이 특징이다. 항상 다운 비트를 강조하는 최소한의 사운드로, 그 결과 최면에 빠진 듯 고개를 끄덕이고 몸을 튕기게 하는 재미있는 놀이가 탄생한다.

바늘을 올리기 전에 조명을 정말로 어둑하게 내리고 베이스를 올린다.

SIDE A 퀸즈 칵테일 Queens Cocktail

트라이브는 퀸즈 출신이다. 따라서 뉴욕 다섯 지구의 이름을 딴 클래식 칵테일 다섯 가지 중 하나를 마실 좋은 이유가 된다. 이 조합은 그 이웃이라 할 수 있는 **브롱크스**와 가장 많이 닮았다. 파인애플 주스를 오렌지 주스로 바꾸면 **브롱크스**가 된다. 오리지널 **진 앤 주스**라고 생각하자.

진 45ml
스위트 베르무트 22ml
드라이 베르무트 22ml
신선한 파인애플 주스 30ml

재료를 얼음과 함께 흔든 다음, 차게 식힌 칵테일 잔에 걸러 붓는다.

SIDE B 사이드카 Sidecar

미국의 위대한 재즈 시대를 대표하는 술이라 할 수 있는 **사이드카**는 프랑스의 뛰어난 특산품인 코냑(브랜디)과 쿠앵트로를 동시에 선보인다. 테두리에 설탕까지 발랐으니 인기를 끄는 것은 당연하다. 그리고 이 신나는 재즈 걸작에 매우 잘 어울리는 술이기도 하다.

브랜디 60ml
쿠앵트로 30ml
신선한 레몬 주스 22ml
설탕(테두리에 바를 것)
오렌지 껍질(장식용)

잔을 준비하여 테두리를 적시고 설탕을 입힌다. 재료를 얼음과 함께 흔든 다음, 준비한 잔에 걸러 붓는다. 오렌지 껍질로 장식한다.

프로듀서: 어 트라이브 콜드 퀘스트, 스케프 안셀름 Skeff Anselm   레이블: Jive, RCA

아티스트: 비요크 Björk 앨범: Debut (1993) 장르: 팝, 일렉트로니카, 하우스, 얼터너티브 록 언제 틀까?: 격렬하게 즐거운 파티

BJÖRK
DEBUT

앨범 해설 자신의 그룹 슈가큐브스 Sugarcubes가 해체된 뒤 처음 낸 솔로 앨범에서 비요크는 원래 그룹의 소리를 벗어나 재즈, 트립합, 하우스 뮤직과 멜로디 위주의 팝 음악을 혼합한 일렉트로니카를 탐구했다. 그 결과 관능적이고 춤추기에 매우 좋은 음반이 탄생했으며, 역대 가장 독특하면서도 꼭 집어 정의하기 어려운 데뷔 앨범 중 하나로 자리매김했다. 이 앨범은 여전히 대담하고 획기적으로 들리며, 자연주의적 유로 트랜스가 볼리우드의 에너지와 만나 언제 들어도 놀라운 분위기를 이끌어 낸다.

바늘을 올리기 전에 이별의 끝을 축하하고 싶을 때? 괴짜 친구들과 어울리는 중일 때? 깊은 밤중 아무 때든 위자 보드를 꺼내 「Venus as a Boy」의 영감을 끌어오는 것도 전혀 부적절하지 않을 것이다.

SIDE A 스완 칵테일 Swan Cocktail

비요크가 제73회 아카데미상 시상식(2001)에서 대담하게도 새처럼 입고 등장한 것은 문화적으로 중요한 순간이었다. 우리는 금주법 이전으로 거슬러 올라가는 (1931년에 나온 『옛 월도프 바 시절 Old Waldorf Bar Days』에 수록되어 있다) 맛있는 칵테일로 그 순간을 기린다. 훌륭한 술이며, 훨씬 더 인기를 누릴 자격이 있다.

진 45ml
드라이 베르무트 22ml
압생트(또는 파스티스) 7.5ml
앙고스투라 비터스 2대시
신선한 라임 주스 15ml
심플 시럽 15ml(213쪽 참조)

재료를 얼음과 함께 흔든 다음, 차게 식힌 칵테일 잔에 걸러 붓는다.

SIDE B 롱 해피니스 Long Happiness

B면의 시작 부분을 멍하게 지난 다음 끝에서 두 번째 곡인 「Violently Happy」에 맞춰 과일 맛이 가득한 이 맥주 칵테일을 기분 좋게 즐기시라.

보드카 45ml
진 15ml
껍질을 벗기고 얇게 썬 생강 1조각
깍둑썰기한 파인애플 1큰술
사과 주스 60ml
라거 60ml

생강과 파인애플을 셰이커 바닥에서 짓이긴다. 얼음과 주스, 술을 넣는다. 흔든 다음 얼음을 채운 콜린스 잔에 걸러 붓는다. 빨대와 함께 내놓는다.

보너스 트랙

아카데미상 시상식에서 비요크가 백조 의상을 입은 사연을 찾아보자. 진정한 사실: 비요크는 타조 알 여섯 개를 가지고 와서 레드 카펫 위에 '낳았다'. 이 의상은 뒤에 뉴욕현대미술관(MoMA)에서 전시되었다.

프로듀서: 넬리 후퍼 Nellee Hooper, 비요크   레이블: One Little Indian, Elektra

THE MISEDUCATION OF LAURYN HILL

1998

아티스트:
로린 힐Lauryn Hill

앨범:
The Miseducation of Lauryn Hill

장르:
힙합, R&B, 네오 소울, 레게

언제 들을까?:
봄낮에

앨범 해설 로린 힐은 푸지스 Fugees와 함께 투어를 마친 뒤 임신했을 때 솔로 앨범을 녹음하고 싶어졌는데, 이 앨범으로 세계적인 스타가 됐다. 힙합과 소울, R&B, 레게 요소를 혼합한 이 앨범은 성경에서 영감을 얻었지만, 성경의 이야기를 독특한 여성적 관점에서 풀어낸다. 이 앨범이 천재적인 것은 자신감과 연약함을 참신하게 혼합한 데에 있다. 휘트니 휴스턴 Whitney Houston을 위해 곡을 쓰고 아레사 프랭클린 Aretha Franklin과 함께했던 로린 힐은 지금까지 만들어진 가장 절박하면서도 기쁨에 찬 음반 중 하나를 내놓았다. 20년 전과 마찬가지로 지금도 가스펠이라는 뿌리에 충실하게 들린다.

바늘을 올리기 전에 이 앨범에는 뭔가 너무나 흥이 나는 느낌이 있어서 밝고 반짝이는 술을 마시고 싶게 만든다. 무엇을 들으면 좋을까 싶을 때는 이 음반을 턴테이블에 올리자.

SIDE A

멜론 볼과 민트를 가미한 화이트 상그리아
White Sangria with Melon Balls and Mint

이 다채로운 상그리아로 행복한 분위기를 연출하자. 수박과 갖가지 멜론(핑크, 오렌지, 그린)으로 축제 분위기가 물씬 나게 할 수 있고, 멜론을 한두 가지만 사용하여 단순하게 만들 수도 있다.

칼바도스 또는 피스코 120ml
차게 식힌 모스카토 와인 1병(750ml)
꿀 2~4큰술(취향에 따라 가감한다)
주스로 짠 라임 1개
수박, 멜론 볼 믹스(수박, 캔털루프, 허니듀) 3컵
차게 식힌 탄산수 360ml
민트 잎(장식용)
라임 슬라이스(장식용)

꿀, 칼바도스, 라임 주스, 과일 볼을 커다란 그릇에 한데 넣고, 냉장고에 1시간 넣어 둔다. 모스카토를 붓고 필요하면 맛을 조절한다(탄산수를 넣기 전에는 달고 맛이 강할 것이다). 물을 붓고 장식하여 내놓는다.

SIDE B

홀리 워터
Holy Water

로린 힐은 이 앨범에 두 팔을 높이 드는 희망 같은 느낌으로 신앙심을 불어넣는다. 힐은 심지어 자신의 아이에게 시온이라는 이름을 붙이고 아기의 탄생을 메시아적 용어로 노래하기까지 한다. 성수를 휘저어라! 참고: 양이 많은 칵테일이 되지 않게 주의할 것.

보드카 60ml
트리플 섹 30ml
라이트 럼 30ml
토닉 워터 60ml
그레나딘 시럽 1대시(212쪽 참조)

보드카와 트리플 섹, 럼을 얼음을 채운 콜린스 잔에 붓는다. 그 위에 토닉 워터를 붓고 그레나딘 시럽을 넣는다.

프로듀서: 로린 힐, 체 게바라 Che Guevara, 바다 노블스 Vada Nobles   레이블: Ruffhouse, Columbia

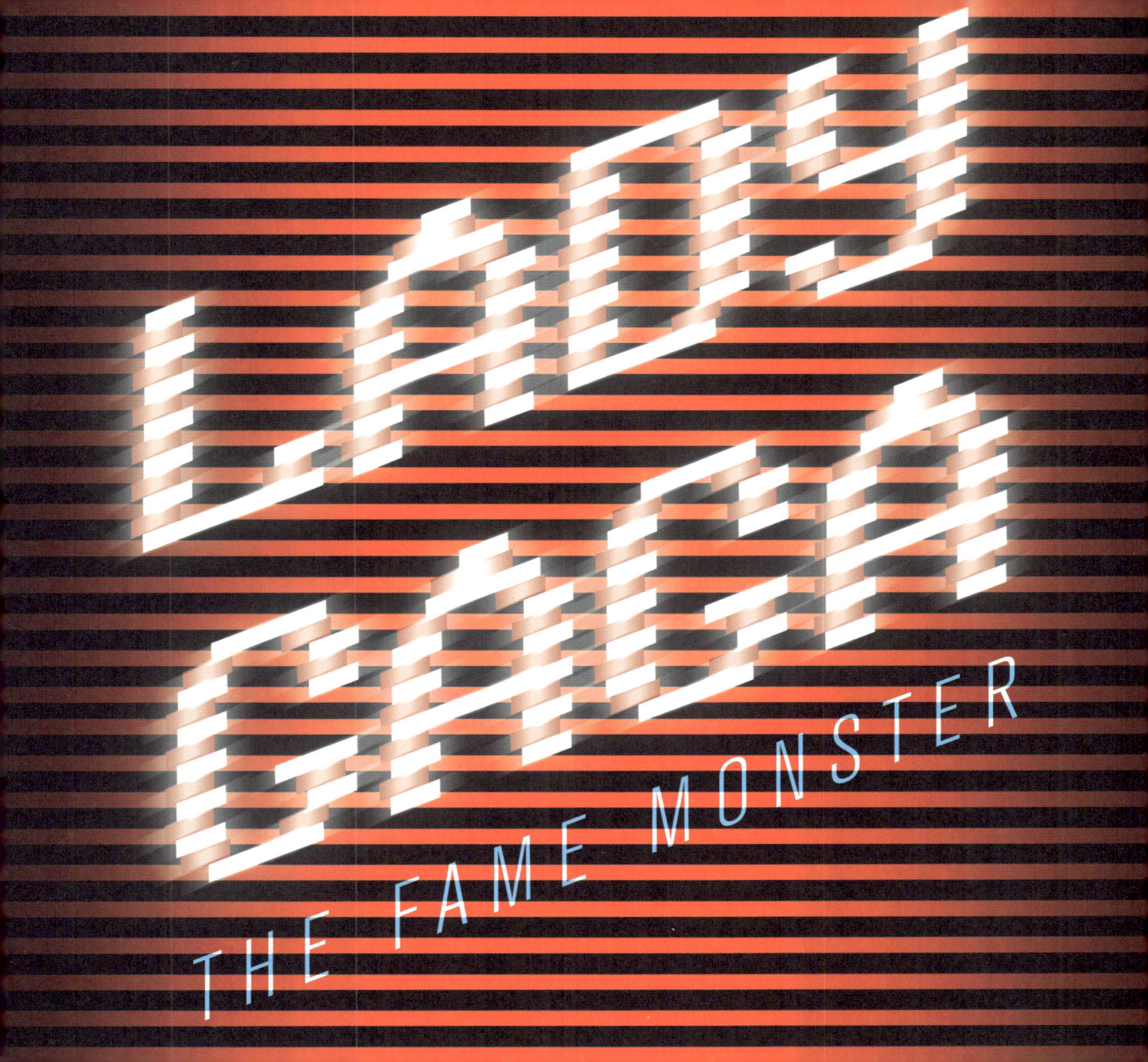

2009

아티스트: 레이디 가가 Lady Gaga　　**앨범:** The Fame Monster
장르: 팝, 댄스, 일렉트로닉　**언제 틀까?:** 사진 촬영 댄스파티

앨범 해설

어두운 분위기, 최면, 댄스 음악, 직설적 가사 — 레이디 가가의 두 번째 앨범에는 이 모든 것이 다 들어 있다. 우선 뛰어난 팝 디바라는 더 몬스터의 지위를 확고히 굳힌 싱글 「Bad Romance」가 있다. 그러나 또 프레디 머큐리에게서 영감을 받은 발라드 「Speechless」와 아바ABBA 스타일의 「Alejandro」도 있다. 슈가 팝, 고딕, 애니, 로봇을 넘나들며 변신하는 스타로서 레이디 가가는 캐릭터와 명성에 대한 질문을 던지며 심금을 울리는 매력을 발산한다.

바늘을 올리기 전에

살면서 만난 극도의 패셔니스타들에게 레이스와 검은 인조 가죽 의상을 입힌다. 삼각대를 세우고, 벽면에는 흰색 천을 드리우고, 참석한 모두에게 평소 성격을 내던지고 괴상한 인물 사진을 찍도록 북돋운다. 자, 자, 드러내 봐! 어서!

SIDE A　브랜디 알레한드로 Brandy Alejandro

우리는 **브랜디 알렉산더**에 약간의 향신료를 더해 **알레한드로**로 만드는 쪽을 좋아한다. 동성애적 함축이 짙게 깔린 유명한 비디오와 함께 댄스 히트곡을 즐기기 위한 완벽한 술이다(「Alejandro」는 두 번째 곡이다). 올레!

브랜디 30ml
다크 크렘 드 카카오 30ml
헤비 크림 30ml(없으면 생크림)
갓 간 육두구 1꼬집
카옌 페퍼 1꼬집

브랜디와 크렘 드 카카오, 크림을 얼음과 함께 흔든 다음, 차게 식힌 칵테일 잔에 걸러 붓는다. 육두구와 카옌 페퍼로 장식한다.

SIDE B　레이디 맥베스 Lady Macbeth

레이디 가가는 맥베스 부인처럼 치열한 야망을 거침없이 드러낸다. 반짝이는 루비 색 음료는 마지막 노래를 틀며 'show me your teeth(사실대로 말해)' 부분을 노래할 때 손에 들고 있기 딱 맞는 칵테일로 보인다.

루비 포트 60ml
샴페인 또는 스파클링 와인 120ml
레몬 트위스트(장식용)

차게 식힌 샴페인 잔에 포트를 붓고 샴페인을 넣는다. 레몬 껍질을 칵테일 위에서 꼬아 준 다음 잔 안에 떨군다.

프로듀서: 론 페어 Ron Fair, 페르난도 가리베이 Fernando Garibay, 탈 허츠버그 Tal Herzberg, 로드니 '다크차일드' 젠킨스 Rodney "Darkchild" Jerkins, 레이디 가가, 레드원 RedOne, 테디 라일리 Teddy Riley, 스페이스 카우보이 Space Cowboy　**레이블:** Interscope

나른한 주말 오후, 새로 발견한 레코드판을 턴테이블에 떨궈 놓고 시간을 보내는 것보다 더 좋은 게 있을까? 가장 가까운 친구들을 초대하고, 소파에 몸을 맡기고, 멋진 칵테일 몇 가지를 준비하고, 번갈아 가며 레코드판을 뒤집는다. 이렇게 칠(Chill)하게 시간을 보내다 보면 어느샌가 사랑에 빠져 다음 장인 '유혹'으로 넘어가게 될지도 모른다.

이 장은 뒷마당 파티나 포커 모임, 술집 나들이 뒤풀이, 친구들과 보내는 한가한 하루 등 여유로운 시간에 어울리는 찬란하고 감미로운 분위기로 가득하다. 함께 소개하는 칵테일은 **마르가리타**(102쪽)에서부터 **프로제**(105쪽)에 이르기까지 모두 편안하게 홀짝일 수 있는 것들이다. 덤으로 우리가 좋아하는 따끈한 술도 한 가지 소개한다. **레드 와인 핫 초콜릿**(122쪽)으로, 핑크 플로이드의 『The Dark Side of the Moon』과 잘 어울린다.

엘비스 프레슬리 Elvis Presley 로버트 존슨 Robert Johnson 비틀즈 The Beatles 아레사 프랭클린 Aretha Franklin 벨벳 언더그라운드 The Velvet Underground 조니 캐시 Johnny Cash 사이먼 앤 가펑클 Simon & Garfunkel 캐럴 킹 Carole King 데이비드 보위 David Bowie 핑크 플로이드 Pink Floyd 톰 웨이츠 Tom Waits 밥 딜런 Bob Dylan 이글스 Eagles 잭슨 브라운 Jackson Browne 행크 윌리엄스 Hank Williams 밥 말리 앤 더 웨일러스 Bob Marley and the Wailers 유투 U2 알이엠 R.E.M. 너바나 Nirvana 스눕 도기 독 Snoop Doggy Dogg 부에나 비스타 소셜 클럽 Buena Vista Social Club 뉴트럴 밀크 호텔 Neutral Milk Hotel 루신다 윌리엄스 Lucinda Williams 윌코 Wilco 인터폴 Interpol 에이미 와인하우스 Amy Winehouse 뱀파이어 위켄드 Vampire Weekend

1957
ELVIS'
CHRISTMAS ALBUM

아티스트 엘비스 프레슬리 Elvis Presley 앨범 Elvis' Christmas Album
장르 록, 크리스마스 음악 언제 틀까? 화이트 엘리펀트 파티

앨범 해설 여러 해 동안 여러 형태로 발매된 엘비스의 네 번째 정규 음반은 미국에서 가장 잘 팔리는 크리스마스 앨범 중 하나로, 흥얼거리듯 부르는 「Blue Christmas」 등 클래식한 히트곡들이 포함되어 있다. 화려한 매력이 가득한 제왕의 목소리가 듣는 사람을 휴일의 따뜻한 담요처럼 감싸 준다. 바라건대 바깥에는 눈이 소복이 쌓여 있고, 난로 위에는 애플 사이다가 있고, 추위를 몰아낼 독한 술도 몇 가지 있으면 좋다.

바늘을 올리기 전에

쿠키를 반짝반짝하게 장식하고, '화이트 엘리펀트' 선물을 차례로 교환한다. 1만 원 이하짜리로 제한하거나 다른 곳에서 받은 쓸모없는 선물을 활용한다. 엘비스가 좋아한 샌드위치(구운 바나나, 땅콩 버터, 베이컨)도 전혀 어색하지 않을 것이다.

Side A ~ 멀드 사이다 Mulled Cider

가족, 친구와 함께 보내는 휴일 동안 난로 위에서 보글보글 끓는 것만큼 기분을 돋워 주는 것은 없다. 거기에 향신료가 가득 차 있고 곧 술이 더해진다면 더욱 그렇다. 흔히들 하는 말로, 할렐루야!

6인분 또는 목마른 동방 박사라면 넉넉하게 4인분

- 빨간 사과 1개
- 통 정향 1½ 작은술
- 납작하게 썬 오렌지 1개
- 애플 사이다 1.9L
- 황설탕 ¼ 컵
- 올스파이스 1작은술
- 다크 럼 또는 위스키 240ml
- 간 육두구(장식용)
- 시나몬 스틱(장식용)

사과에 정향을 촘촘하게 박는다. 럼과 장식을 제외한 나머지 재료를 냄비에 넣는다. 약한 불에 올려 끓어오르면 10분 정도 더 끓인다. 불을 끄고 럼을 넣는다. 국자로 머그잔에 떠 놓고 육두구와 시나몬 스틱 1개로 장식한다.

Side B ~ 그래스호퍼 Grasshopper

어른을 위한 민트쉐이크라 할 수 있다. 조금 더 호화로운 맛을 내기 위해 브랜디를 넣어 맛있게 만든 것이다. 자기 자신에게 주는 선물이다.

- 브랜디 30ml
- 그린 크렘 드 망트 30ml
- 화이트 크렘 드 카카오 30ml
- 헤비 크림 45ml(없으면 생크림)
- 컬스 초콜릿(장식용)

재료를 얼음과 함께 세차게 흔든 다음, 차게 식힌 마티니 잔에 걸러 붓는다. 컬스 초콜릿으로 장식한다.

프로듀서: 스티븐 숄스 Stephen H. Sholes   레이블: RCA Victor

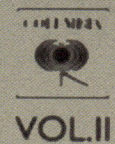

ROBERT JOHNSON

KING OF THE DELTA BLUES SINGERS

앨범 해설

27세 나이에 무명으로 사망한 존슨에 대해서는 알려진 게 거의 없다. 미시시피에서 태어난 그는 주로 멤피스 주변과 아칸소의 싸구려 술집에서 노래하며 생활했으며 시카고, 뉴욕, 텍사스까지 여행을 가기도 했다. 종종 길모퉁이나 이발소에서 노래했다. 1936년과 1937년 녹음한 것을 모아 1961년 컬럼비아 레코드에서 발매한 이 앨범은 역사상 가장 위대하고 영향력 있는 음반 중 하나로 여겨진다. 발매 전 샘플 한 장이 새로 계약한 가수였던 밥 딜런에게 전달됐고, 딜런은 1960년대 포크 보헤미언들 사이에서 존슨의 노래를 대중화시켰다. 존슨은 생전에 한 번도 성공을 경험하지 못했지만 그의 노래는 불후의 명곡이 되었다.

바늘을 올리기 전에

포커 칩과 군것질거리를 준비하고, 새로 산 포커 카드 말고는 최대한 돈 들인 티를 내지 않는다.

아티스트: 로버트 존슨Robert Johnson   앨범: King of the Delta Blues Singers (1961)
장르: 블루스, 델타 블루스   언제 틀까?: 포커 모임

SIDE A

미시시피 펀치 Mississippi Punch

제리 토머스Jerry Thomas가 지은 『미식가를 위한 안내서The Bon Vivant's Companion』에 소개된 이 멋진 칵테일의 기원에 대해서는 알려진 게 많지 않다. 그렇지만 우리가 가장 좋아하는 럼과 버번, 브랜디를 가지고 균형 잡힌 마실거리로 만든 것은 확실하다.

라이트 럼 45ml
호밀 위스키 또는 버번 30ml
브랜디 30ml
앙고스투라 비터스 몇 대시
신선한 레몬 주스 15ml
데메라라 설탕 ½작은술

재료를 얼음과 함께 흔든 다음, 얼음을 채운 콜린스 잔에 걸러 붓는다.

SIDE B

그레이하운드 Greyhound

이 칵테일의 레시피가 처음으로 책에 소개된 것은 1930년 해리 크래독Harry Craddock이 지은 저 유명한 『사보이 칵테일 북』이지만, 1945년 『하퍼스 매거진』의 어느 기사에 버스 터미널에 있는 포스트 하우스라는 이름의 인기 레스토랑 체인에서 이 칵테일을 제공했다고 언급되어 있다. 갈림길에 선 위대한 가수에게 이보다 더 좋은 술은 없다.

보드카 60ml
신선한 자몽 주스 120ml

얼음을 채운 잔에 재료를 모두 넣고 젓는다.

프로듀서: 돈 로Don Law(1차 발매), 프랭크 드릭스Frank Driggs(재발매) 레이블: Columbia

간식거리!

술꾼용 치킨 샌드위치와 허니 아보카도 슬로
Boozy Chicken Sandwiches with Honey and Avocado Slaw

4인분

치킨

닭 가슴살 4개
생강 1개(8cm, 껍질을 벗기고 간다)
당밀 ¼컵
간장 1큰술
식용유 2큰술
다크 럼 ¼컵
라임 주스 2큰술

슬로

화이트 와인 식초 1큰술
신선한 라임 주스 1큰술
플레인 요거트 ⅓컵
꿀 1½큰술
쿠민 가루 1작은술
작은 마늘 1쪽(갈거나 다진다)
소금 1작은술
할라페뇨 2개(씨를 제거하고 넷으로 갈라 매우 가늘게 채썬다)
파 ¼컵(얇게 썬다)
고수 3~4가지(다진다, 약 2큰술)
작은 양배추 1개(얇게 썬다, 약 4컵)
소금과 후추(조미용)
아보카도 2개(중간 크기 덩어리로 썬다)
감자 번 또는 카이저 롤

럼과 당밀에 재운 이 남부풍 닭 가슴살은 석쇠에 올려 굽기 좋은 요리이다. 파티를 열 생각이라면 쉽게 많은 양을 준비할 수 있다. 반드시 **미시시피 펀치**(100쪽)와 함께 내도록 한다.

치킨

재울 양념으로 쓸 재료를 지퍼백에 모두 넣은 다음, 닭고기를 넣고 잘 흔들어 준다. 그 상태로 닭고기를 적어도 2시간 또는 하룻밤 동안 재운다.
닭고기의 가운데 내부 온도가 75°C가 될 때까지 중불로 굽는다.

슬로

커다란 믹싱 볼에 식초, 라임 주스, 요거트, 꿀, 쿠민 가루, 마늘, 소금을 넣어 섞는다. 할라페뇨, 파, 고수, 양배추를 넣는다. 채소에 나머지 재료가 묻도록 젓는다. 슬로를 적어도 30분 동안 냉장고 안에서 재운다. 내놓을 준비가 되면 아보카도를 넣고 살살 저어 준다. 소금과 후추로 맛을 낸다.
감자 번이나 카이저 롤에 얹어 내놓는다.

SGT. PEPPER'S LONELY HEARTS CLUB BAND

THE BEATLES

앨범 해설 비틀스의 여덟 번째 정규 앨범은 대중음악에 엘피 앨범 형식의 시대를 열었다는 평가를 받는다. 단순히 남성 그룹이라는 취급을 받고 싶지 않았던 비틀스는 청중을 놀라게 하는 동시에 예술적 야망을 보여 주기 위해 가상의 이름으로 녹음하기로 했다. 그 결과 대중음악 역시 모든 면에서 고전 음악이나 재즈처럼 진지할 수 있음을 보여 주는 정규 음반이 탄생했다. 이 앨범은 처음부터 끝까지 떠들썩한 대작이다. 다른 아티스트들도 이들의 선례를 따랐고, 그렇게 엘피는 ─ 그리고 아티스트는 엘피 한 장을 완전히 녹음해야 한다는 관념은 ─ 팝의 기본으로 자리를 잡았다.

바늘을 올리기 전에 이 앨범은 어른도 아이도 훌륭하게 즐길 수 있으므로, 마당에서 놀 수 있는 놀이를 준비하고 에어 바운스에 공기를 채워 놓고 나무 밑에 베개를 놓고 느긋하게 자리를 잡는다. 여름용 드레스와 가벼운 옷차림이 바람직하다.

SIDE A 이스트 인디아 칵테일 East India Cocktail

우리는 이 놀라운 클래식으로 1967년 런던에서 있었던 마하리시 마헤쉬 요기와 비틀즈의 만남에 경의를 표한다. 그 뒤 1968년에 비틀즈가 마하리시를 만나기 위해 인도로 찾아간 일은 유명하다. 최초의 글로벌 칵테일인 이 술은 적절하게 화사하고 변덕스럽다.

- 브랜디 60ml
- 오렌지 큐라소 15ml
- 마라스키노 리큐어 ½작은술
- 앙고스투라 비터스 몇 대시
- 신선한 파인애플 주스 45ml
- 갓 간 육두구(장식용)

재료를 얼음과 함께 저어, 칵테일 잔에 걸러 붓는다. 육두구로 장식한다.

SIDE B 마르가리타 Margarita

사랑스러운 리타, 주차 단속원!(Lovely Rita, meter maid!) 악평을 많이 듣는 이 칵테일을 만드는 비결은 신선한 라임 주스를 사용하는 것이다. 사워 믹스는 꺼져라!

- 블랑코 또는 실버 데킬라 60ml
- 쿠앵트로 30ml
- 신선한 라임 주스 30ml
- 잔 테두리에 바를 소금(선택)
- 라임 웨지(장식용)

온더락 잔 테두리에 소금을 바른 다음, 잔에 얼음을 채운다. 재료를 얼음과 함께 흔든 다음, 준비된 잔에 걸러 붓는다. 라임 웨지로 장식한다.

프로듀서: 조지 마틴 George Martin   레이블: Capitol

1967

ARETHA
I Never Loved a Man (The Way I Love You)
FRANKLIN

앨범 해설 프랭클린은 1960년대 초에 컬럼비아를 위해 앨범을 다수 녹음한 바 있지만, 우리가 아는 그 슈퍼스타가 된 것은 애틀랜틱 레코드에서 낸 이 데뷔 앨범 덕분이다. 바로 첫 트랙 「Respect」에서 청중에게 그녀 방식의 '존중'을 보였는데, 이는 그녀의 시그널 송이 됐을 뿐 아니라 1960년대 말 여성 운동과 인권 투쟁에서 부르는 노래가 됐다. 컬럼비아에서 프랭클린은 쇼튠을 노래하는 평범한 만능 가수였으나, 유명한 R&B 프로듀서 제리 웩슬러Jerry Wexler는 머슬숄즈 사운드스튜디오에서 녹음된 이 앨범을 통해 마침내 그녀를 가스펠이 가미된 확고한 소울의 여왕으로 재조명했다. 역경에 맞서는 저력을 품고 있는 부드러운 앨범이다.

아티스트: 아레사 프랭클린
Aretha Franklin

앨범: I Never Loved a Man
(The Way I Love You)

장르: 소울, R&B

언제 틀까?: 아이스크림 파티

바늘을 올리기 전에
더운 밤을 골라 시원한 옷을 걸치고 블렌더를 가동하자.

A

아이스크림 플립 Ice Cream Flip

달콤한 과일 맛이 나는 이 칵테일은 「Soul Serenade」를 부르는 아레사의 목소리만큼이나 부드럽고 매끄럽다. 달걀은 빼도 되기는 하지만, 이 술을 더욱 풍부하게 만들어 주는 재료이다.

- 브랜디 30ml
- 오렌지 큐라소 15ml
- 마라스키노 리큐어 15ml
- 달걀 1개
- 바닐라 아이스크림 1스쿱
- 갓 간 육두구(장식용)

재료를 모두 블렌더에 넣고 돌린다. 차게 식힌 칵테일 잔에 붓고, 육두구로 장식한다.

B

프로제 Frosé

이것은 여태 우리가 먹고 싶다는 사실도 알지 못했던 맛있는 얼음이다. 한번 먹어 보고 나면 여러분의 파티 레퍼토리에서 절대로 빠지지 않는다. 쉽고 상쾌하며 맛있다. 너무나 훌륭하기 때문에 '존중'을 요구한다!

- 드라이 로제 와인 1병(750ml)
- 심플 시럽 ¼컵(213쪽 참조)
- 레몬 껍질(장식용)

로제 와인과 심플 시럽을 33×23cm 크기의 팬에 넣고 섞는다. 랩으로 잘 밀봉하여 냉동실에 넣는다. 30분마다 한 번씩 포크로 저어 주며 세 시간 정도 또는 얼 때까지 냉동실에서 얼린다. 와인 글라스에 넣고, 레몬 껍질로 장식하여 내놓는다.

프로듀서: 제리 웩슬러   레이블: ATLANTIC

THE VELVET UNDERGROUND & NICO

아티스트: 벨벳 언더그라운드 The Velvet Underground
앨범: The Velvet Underground & Nico (1967)
장르: 아트 록, 사이키델릭 록, 개러지 록
언제 틀까?: 술집 나들이 뒤풀이

앨범 해설

영국인이 팝과 블루스의 만남이라는 자기만의 음악을 가지고 음악계를 공략하는 동안, 목이 쉰 듯한 독일 패션 모델을 내세운 어느 뉴욕 밴드는 아방가르드와 로우파이, 거친 소리를 특징으로 하는 뚜렷하게 미국적인 사운드를 내세우며 새로운 가능성을 열었다. 성공이 금방 뒤따르지는 않았다. 앨범은 겨우 3만 장 남짓 팔렸을 뿐이다. 그러나 상업적으로는 성공을 거두지 못했을지라도 영향력은 오래도록 이어졌다. 벨벳 언더그라운드는 새로운 소리와 약물 남용, 매춘 등 확실하게 도시적인 주제를 음악적 실험과 최면성 리듬으로 결합하는 한편 길거리 생활과 내면 성찰에 대한 집착을 보여 주었다. 미술가 앤디 워홀 Andy Warhol이 자금을 댄 이 앨범은 상징적인 재킷 이미지를 자랑한다. 그것은 바로 바나나!

바늘을 올리기 전에

조명을 어둡게 하고 하늘하늘한 아랍풍 카프탄을 입는다. 벽장에 넣어 둔 여러분의 악기를 꺼낸다. 봉고나 실로폰이 있으면 보너스 점수 추가!

SIDE A

문라이트 칵테일 Moonlight Cocktail

『사보이 칵테일 북』에 소개된 이 달빛 같은 빈티지 칵테일로 벨벳 언더그라운드가 완벽하게 깔리는 분위기 있는 파티 장면을 연출한다. 이 칵테일은 그 아름다움으로 '달의 여신'이라고 불린 니코Nico에게 바치는 경의 표시이다.

진 30ml
키르슈(또는 마라스키노 리큐어) 7.5ml
화이트 와인 30ml
신선한 자몽 주스 22ml
레몬 껍질(장식용)

재료를 얼음과 함께 흔든 다음, 차게 식힌 칵테일 잔이나 펀치 잔에 걸러 붓는다. 레몬 껍질로 장식한다.

SIDE B

밀크 펀치(+쿠키) Milk Punch(with Cookies)

뉴욕 언더그라운드 음악의 거점이 된 맨해튼의 유명한 바 겸 레스토랑인 맥스 캔자스시티 메뉴에서 가져온 클래식한 밀크 펀치이다. 양을 쉽게 두 배나 세 배로 늘일 수 있다(맥스에서는 피처 단위로 팔았다). 물론 오트밀 쿠키와 함께 내놓는다.

브랜디 또는 버번 60ml
홀 밀크 ½컵
가루 설탕 1작은술
바닐라 익스트랙 ¼작은술
갓 간 육두구(장식용)

재료를 얼음과 함께 흔든 다음, 얼음을 채운 온더락 잔이나 와인 글라스에 걸러 붓는다. 간 육두구로 장식한다.

보너스 트랙

카메라 속의 니코를 보고 싶으면 페데리코 펠리니 Federico Fellini의 『달콤한 인생 La Dolce Vita』(1960)과 앤디 워홀의 『첼시 걸즈 Chelsea Girls』(1966)를 감상하기 바란다. 니코의 실제 모습은 이 음반에서 들을 수 있는 것만큼이나 경이롭다.

프로듀서: 앤디 워홀   레이블: Verve

Johnny Cash

Johnny Cash At Folsom Prison

1968

아티스트: 조니 캐시 Johnny Cash   앨범: At Folsom Prison   장르: 컨트리, 포크 록, 블루스 록   언제 들까?: 가택 연금

앨범 해설 캐시가 새롭게 부활한 이 앨범은 1968년 1월 13일 두 차례의 교도소 공연 실황을 녹음한 것이다. 그는 교도소 노래와 그 이면의 외로움에 집착했는데(캐시는 그 몇 달 전 니카잭 동굴에서 자살을 시도한 일이 있다), 놀라운 것은 이 공연에서 캐시가 너무나도 편안해한다는 사실이다. 그는 수감자 중 한 명으로서 노래한다. 그리고 노래는 가득한 유머와 함께 생생하고 직설적으로 전달된다. 청중의 휘파람과 박수 소리가 이 음반을 시간 속에 영원히 고정시킨다. 캐시가 교도소 부소장을 부르는 순간을 들어 보자. 초현실적이다.

바늘을 올리기 전에 이 책에 소개한 두 장의 실황 앨범 중 ㅎ·나인 이 음반은 진정으로 음미할 만하다. 소파에 앉아 스피커 쪽으로 몸을 기울이자. 시간과 장소를 이토록 아름답게 담아내는 앨범은 거의 없다.

SIDE A

서퍼링 배스터드 Suffering Bastard

우리는 이 술을 양철 잔에 담아내는 것을 좋아한다. 커피 머그잔도 좋다. 단순한 것이면 뭐든지 괜찮다. 이것은 괴로운 영혼을 위한 클래식한 칵테일이다. 전통을 중시하는 일부 사람들은 코냑과 함께 마시기도 하지만, 캐시를 위해서라면 버번으로 해야 한다.

버번 30ml
진 30ml
신선한 라임 주스 15ml
심플 시럽 15ml(213쪽 참조)
앙고스투라 비터스 1대시
차게 식힌 진저 비어 120ml
오렌지 슬라이스(장식용)

버번과 진, 라임 주스, 심플 시럽, 비터스를 얼음을 채운 온더락 잔이나 콜린스 잔에 넣는다. 젓는다. 그 위에 진저 비어를 붓고 오렌지 슬라이스로 장식한다.

SIDE B

스톤 펜스 Stone Fence

미국 독립 전쟁 때 이선 앨런 Ethan Allen이 민병대와 함께 타이컨더로가 요새를 습격하기 전에 마신 술이다. 이보다 더 미국적인 칵테일은 없다. 식민지 사람들이 가장 좋아하면서 넉넉하게 가지고 있던 두 가지를 합친 것으로, 그것은 바로 럼과 발효 사과주이다.

다크 럼 60ml
발효 사과주 120ml
앙고스투라 비터스 1대시

얼음을 채운 온더락 잔에 재료를 모두 넣는다.

프로듀서: 밥 존스턴 Bob Johnston(1차 발매), 밥 어윈 Bob Irwin(재발매)　　레이블: Columbia

Bridge Over Troubled Water

Simon & Garfunkel 1970

아티스트: 사이먼 앤 가펑클 Simon & Garfunkel **앨범:** Bridge Over Troubled Water
장르: 포크 록 **언제 들까?:** 옛 친구들과 한잔

앨범 해설

놀랍도록 시적인 가사와 믿을 수 없을 만큼 아름다운 멜로디가 두 가수의 천재적 화음과 어우러져 이 앨범에 담겨 있다. 노래하는 음유 시인인 폴 사이먼 Paul Simon과 아트 가펑클 Art Garfunkel은 1970년에 이미 스타였다. 1965년 잊을 수 없는 클래식인 「The Sound of Silence」를 내놓으면서 유명해졌고, 뒤이어 나온 세 장의 앨범이 성공을 거두었다. 그러나 『Bridge Over Troubled Water』는 둘의 최대 성공작이었음에도 불구하고 그와 동시에 두 사람의 백조의 노래가 될 운명이었다. 그 뒤로 예술적 차이와 연기자의 길을 가려는 가펑클의 열망 때문에 둘은 같은 해에 갈라섰다(가펑클은 1970년에 『Catch-22』로 솔로 데뷔했다). 오늘날 이 앨범은 더 순진하고 상냥하며 희망이 가득하던 시대에 바치는 사운드트랙처럼 마음을 위로하며 울린다. 소파에서 편안하게 자리를 잡고 가족이나 친구들과 함께 듣자.

바늘을 올리기 전에

촛불 몇 개를 켜 놓고 휴지를 한 통 내놓는다. 이 앨범은 최루성이 있으니까.

프로듀서: 폴 사이먼, 아트 가펑클, 로이 할리 Roy Halee **레이블:** Columbia

세인트 시실리어 펀치 St. Cecilia Punch

남부풍의 이 펀치는 우리가 가장 좋아하는 것 중 하나이다. 여러분의 마음도 믿음도 저버리지 않을 것을 약속한다. 이 앨범과 어울릴 뿐만 아니라 명절 무렵 축제 분위기를 내기에도 좋다.

8~12인분
다크 럼 180ml(¾컵)
브랜디 240ml(1컵)
중간 크기 레몬 3개(얇게 썬다)
백설탕 ¾컵
녹차 티백 2개
파인애플 ⅓개(껍질을 벗기고 심을 제거한 다음, 12mm 두께로 썰어 쐐기 모양으로 자른다)
샴페인 또는 스파클링 와인 1병(750ml)
차게 식힌 탄산수 6컵(1.4L)

레몬을 브랜디에 담가 실온에서 하룻밤 재운다. 냄비에 물 ¾컵과 설탕을 넣고 설탕이 녹을 때까지 간간이 저어 주며 끓인다. 불에서 내리고 녹차 티백을 넣는다. 2~3분 동안 우린 다음 티백은 버리고 시럽을 식힌다.
내놓기 몇 시간 전에 레몬과 브랜디, 시럽, 럼, 파인애플을 커다란 피처나 볼에 넣고 섞은 다음, 냉장고 안에 넣고 차게 식힌다. 내놓을 때는 펀치 볼에 옮겨 담고, 스파클링 와인과 탄산수를 부어 가볍게 젓는다. 큼지막한 얼음과 함께 내놓는다.

에어메일 Airmail

이 칵테일은 카리브해에서 휴가를 보낸 **프렌치 75**(118쪽) 같은 맛이 난다. 그런 만큼 폴 사이먼이 처음으로 시도한 레게 곡인 「Why Don't You Write Me」와 이상적으로 어울린다. 두 사람의 감미로운 음색을 듣는 동안 이 칵테일에서 느껴지는 부드러운 감촉을 좋아하게 될 것이다.

골드 럼 45ml
신선한 라임 주스 22ml
허니 시럽 22ml(꿀과 물 2:1)
샴페인 또는 스파클링 와인(조미용)
라임 껍질(장식용)

샴페인을 제외한 나머지 재료를 얼음과 함께 흔든 다음, 얼음을 채운 콜린스 잔에 걸러 붓는다. 그 위에 샴페인을 붓고 라임 껍질로 장식한다.

Tapestry
Carole King

아티스트: 캐럴 킹Carole King **앨범**: Tapestry (1971) **장르**: 록, 포크, 팝 **언제 들을까?**: 옷 바꿔 입기

앨범 해설

킹의 두 번째 정규 앨범에 수록된 한가롭고 완벽한 노래는 그녀가 누구인지 알기 훨씬 전부터 우리의 의식 속으로 파고든다. 그 정도로 노래가 좋다. 역대 최고의 여성 솔로 앨범 중 하나로 꼽히는 킹의 이 앨범은 원숙하고 친밀하며 감상적이면서도 더없이 매혹적이다. 그녀의 가느다란 목소리로 그렇게나 넓은 범위를 전달할 수 있다는 사실 자체가 곡을 쓰는 능력과 예술성이 뛰어나다는 증거이다. 비가 오는 날 듣기 이상적인 음반이다. 앨범 재킷에서처럼 고양이와 함께 창틀에 앉는다. 아니면 아늑한 모임을 갖는다.

바늘을 올리기 전에

친구들을 초대하면서 더 이상 입지 않는 옷을 가져오게 한다. 옷을 모두 방바닥 한가운데에 쏟아 놓고 한 사람씩 옷을 건지게 한다. 누군가가 딱 맞는 옷을 찾아내면 칵테일을 다시 한 잔씩 돌린다!

A
드리미 도리니 스모킹 마티니
Dreamy Dorini Smoking Martini

『Tapestry』의 타이틀곡에 어울리게 약간 스모키한 마티니를 준비하는 것보다 더 완벽한 것이 있을까? 뉴욕의 바텐더이자 페구 클럽의 주인인 오드리 손더스 Audrey Saunders가 만든 이 칵테일은 관능적이고 성숙하다. 소파에 몸을 묻고 무릎 위로 담요를 끌어올리자.

보드카 60ml
라프로익 15ml
페르노 6방울
레몬 트위스트(장식용)

재료를 저은 다음, 차게 식힌 칵테일 잔에 걸러 붓는다. 레몬으로 장식한다.

B
핫 토디
Hot Toddy

영국인들은 인도에 있을 때 토디 야자 수액을 발효시켜 만든 음료를 곧잘 마셨는데, 여기서 이 따뜻한 칵테일의 이름이 유래했다. 그렇지만 오늘날 우리가 알고 있는 클래식한 핫 토디는 스코틀랜드에서 유래한 것이 거의 확실하다. 그곳에서는 - 당연하게도 - 스카치로 만든다. 미국에서는 원래 럼과 함께 마셨지만, 요즘에는 대체로 브랜디나 버번을 사용한다.

브랜디 또는 버번 60ml
꿀 2큰술
신선한 레몬 주스 15ml
뜨거운 물 또는 블랙 티 180ml
두껍게 잘라 낸 레몬 휠 1개(장식용)
정향 3개(장식용)

브랜디와 꿀, 레몬 주스를 따뜻하게 데운 머그잔이나 유리잔에 넣는다. 그 위로 물이나 차를 붓는다. 젓는다. 레몬 휠에 정향 3개를 꽂아 잔 안에 떨어뜨린다.

프로듀서: 루 애들러 Lou Adler   레이블: ODE

DAVID BOWIE
The Rise and Fall of ZIGGY STARDUST and the Spiders from Mars

1972

아티스트: 데이비드 보위 David Bowie
앨범: The Rise and Fall of Ziggy Stardust and the Spiders from Mars
장르: 록, 아트 록, 글램 록
언제 틀까?: 글램의 밤

앨범 해설

이 콘셉트 앨범은 지기 스타더스트라는 가상의 양성애자 외계인 록 스타의 이야기를 들려 준다. 이것은 빈스 테일러 Vince Taylor로부터 영감을 받았는데, 그는 신경 쇠약을 겪은 후 자신이 반 신이자 반 외계인이라고 확신한 록 아티스트였다. 이 앨범은 성적으로 모호한 주제로 인해 발매되면서 논란을 일으켰다. 보위는 원래 이 앨범을 어느 텔레비전 드라마의 사운드트랙으로 구상했고, 이로써 앨범이 지니는 극적 요소가 얼마간 설명된다. 음악적 일관성이 강하면서「Starman」,「Suffragette City」,「Rock 'n' Roll Suicide」 같은 명곡을 수록한 이 음반은 보위가 내놓은 가장 뛰어난 작품으로 꼽힌다.

바늘을 올리기 전에

반짝이 젤을 여기저기 바르고 머리카락을 뾰족하게 세운 채 마음 내키는 대로 모호한 느낌의 옷차림을 시도한다. 그리고 다음의 두 가지 찬란한 샴페인 칵테일을 내놓는다.

SIDE A: 프렌치 75 French 75

온갖 화려한 칵테일 중에서도 가장 아름다운 것 중 하나로 꼽는 이 호화로운 술은 레몬 맛 진과 거품을 조합한다. 제1차 세계 대전을 승리로 이끈 프랑스의 대포 이름을 딴 이 칵테일은 폭탄 같은 위력을 낼 수 있다. 스트레이트 또는 온더락으로 내놓는다.

진 30ml
신선한 레몬 주스 15ml
심플 시럽 15ml(213쪽 참조)
샴페인 또는 스파클링 와인 120ml
레몬 껍질(장식용)

진과 레몬 주스, 심플 시럽을 얼음과 함께 흔든다. 얼음을 채운 콜린스 잔에(스트레이트로 즐기려면 얼음 없이 샴페인 잔에) 걸러 붓는다. 그 위에 샴페인을 붓고 레몬 껍질로 장식한다.

SIDE B: 샴페인 컵 Champagne Cup

원래 갖가지 과일을 채운 펀치이지만, 우리는 이것을 단일 칵테일로 만들어 손님이 자신의 장식을 스스로 추가하게 하는 쪽을 좋아한다. 베네딕틴이 없거나 구할 수 없으면 그랑 마니에르도 좋다. 제철 과일로 장식한다.

브랜디 22ml
베네딕틴 15ml
샴페인 또는 스파클링 와인(마지막에 부을 용도)
장식 옵션: 민트, 얇게 썬 오이, 브랜디에 재운 체리,
파인애플 웨지

브랜디와 베네딕틴을 샴페인 잔에 함께 넣는다. 그 위에 샴페인을 붓는다. 원하는 대로 장식한다.

1973

THE DARK SIDE OF THE MOON

PINK FLOYD

아티스트: 핑크 플로이드 Pink Floyd   **앨범**: The Dark Side of the Moon
장르: 프로그레시브 록, 사이키델릭 록, 스페이스 록   **언제 틀까?**: 동지 또는 하지 파티

앨범 해설 로저 워터스 Roger Waters가 '사람들을 미치게 만든 것들'에 초점을 맞춘 앨범으로 구상한 핑크 플로이드의 이 여덟 번째 정규 앨범은 탐욕, 정신 질환, 죽음, 시간의 흐름 등을 다루는 방대한 작품이다. 「Money」과 「Us and Them」이라는 두 곡의 싱글을 낳았지만 앨범 전체로서 더 훌륭하다. 고민과 실험으로 가득한 이 음반은 줄거리를 담고 있으며, 의도치 않았으나 『오즈의 마법사 The Wizard of Oz』의 사운드트랙으로 어울리는 것으로 유명하다(나란히 틀어 보면 잘 어울린다). 편안하게 자리를 잡고, 긴장을 풀고 음악을 듣자. 이 앨범은 로큰롤의 가장 장엄하고 꿈결 같은 여정 중 하나이다.

바늘을 올리기 전에 촛불을 켜고, 몇 가지 다짐을 세우고, 계절에 어울리는 간식을 준비한다. 그런 다음 모두 모여 스머지 스틱 연기로 나쁜 기운을 몰아내고 정신을 맑게 한 다음 파티를 시작한다.

SIDE A

레드 와인 핫 초콜릿
Red Wine Hot Chocolate

이 앨범은 여름이나 겨울이 깊을 때 우리의 가슴에 가장 깊이 와 닿는 것 같다. 추운 날씨 때문에 우울할 때에 블로그, 그러니까 … ImmaEatThat(immaeatthat.com)에서 가져 온 이 칵테일은 기분 전환에 실패하는 법이 없다. 이 영화 같은 앨범에 어울리는 궁극의 기분 전환 음료이다. 팁: 약간의 향신료를 좋아한다면 마무리로 간 치포틀레를 1대시 뿌린다.

2~4인분
홀 밀크 1½컵
너무 달지 않은 초콜릿 칩 ⅓컵
레드 와인 ¾컵

냄비에 우유와 초콜릿 칩을 넣고 중불로 가열한다. 초콜릿이 녹을 때까지 계속 휘젓는다. 끓지 않게 한다. 레드 와인을 붓고, 따뜻해질 때까지 가열한다. 머그잔에 부어 내놓는다.

SIDE B

이클립스 칵테일
Eclipse Cocktail

뉴욕의 무허가 바 PDT에서 유래하여 오랫동안 인기를 누려 온 이 칵테일은 고대 아스텍에서 제물로 바칠 사람에게 발효된 아가베를 주던 풍습에서 영감을 얻은 것이다. 우리에게는 마치 신나는 동지나 하지 파티처럼 들린다. 또한 그다지 유명하지도 않은 체리 헤링을 샀다가 처치 곤란이면 어쩌지 하는 생각이 든다면, 클래식에 해당하는 **블러드 앤 샌드**(180쪽)에도 쓴다는 점을 기억하자. 생각보다 빨리 한 병을 다 쓰게 될 것이다.

엘 테소로 아녜호 데킬라(오리지널 레시피대로) 60ml
아페롤 22ml
체리 헤링 22ml
레몬 주스 22ml
메스칼(잔 안에 두를 만큼)
레몬 트위스트(장식용)

차게 식힌 칵테일 잔 안쪽에 메스칼을 두르고 남는 것은 버린다. 나머지 재료를 얼음과 함께 흔든 다음, 준비된 잔에 걸러 붓는다. 레몬 트위스트로 장식한다.

간식거리!

자주색 여신 드레싱을 곁들인 별 세계 샐러드
Astral Salad with Purple Goddess Dressing

여기서 우리가 착안한 것 두 가지: 무지갯빛 프리즘 그림이 있는 핑크 플로이드의 유명한 앨범 재킷 그리고 밴드를 결성한 시드 배럿의 원예 취미이다. 그는 1968년 밴드를 탈퇴한 뒤 원예에 몰두했다고 한다(이 앨범에 수록된 곡 다수가 그에게 헌정되기는 했지만 그는 이 앨범에 참여하지 않았다). 키위 달이나 오이 회오리 같은 '별 세계 요소' 말고도 무로 꽃이나 별 모양을 얼마든지 오려 넣을 수 있다.

샐러드

샐러드용 모듬 채소 1봉지(150g)
얇게 썬 적양배추 1컵
껍질을 벗긴 오이 1개(리본 모양으로 얇게 깎는다)
블루베리(또는 딸기) 1봉지(180g)
석류 1개(씨만 사용한다)
작은 오렌지 1개(껍질을 벗기고 조각 낸다)
키위 2개(자르고 반으로 가른다)
캐슈너트 ½컵
레몬 1개의 제스트
자주색 바질 가지 1개(잎만 사용한다)

자주색 바질 드레싱

자주색 바질 가지 4개
그릭 요거트 1컵
작은 샬롯 1개
신선한 레몬 주스 2작은술
천일염 1작은술
엑스트라 버진 올리브유 2큰술

샐러드

넓은 샐러드 그릇이나 커다란 접시에 모듬 채소와 적양배추를 넣고 섞는다. 그 위에 리본처럼 깎은 오이 회오리, 블루베리, 석류 씨, 오렌지 조각(과육만 발라내면 예뻐 보인다), 달 모양으로 자른 키위, 캐슈너트를 얹는다. 레몬 제스트와 자주색 바질 잎으로 장식한다.

드레싱

모든 재료를 블렌더에 넣고 부드러운 퓌레가 될 때까지 돌린다. 그릇에 따로 담아낸다.

TOM WAITS   CLOSING TIME

1973
아티스트: 톰 웨이츠 Tom Waits
앨범: Closing Time
장르: 록, 블루스, 재즈, 포크
언제 틀까?: 야식과 함께

앨범 해설

감정과 우수가 가득한 톰 웨이츠의 데뷔 앨범은 상자 안에 보관해 둔 누렇게 변한 옛 사진을 뒤져 보는 느낌이다. 향수와 쓰라린 마음과 잊어버린 기억을 재발견한다. 문 닫는 바의 쓸쓸함을 전달하는 이 걸작은 발매됐을 때 화려하게 주목받지는 못했지만, 그 뒤로 여러 차례 재발매되었고 컬트 위치에 올랐다. 포크를 비트는 이 친밀한 피아노 재즈 앨범은 옛 상처를 어루만지거나 생각을 정리할 때 듣기 좋은 음반이다. 병째 한 모금 마시고 다음 사람에게 넘긴다. 우리 안의 망령을 몰아내거나 연인에게 구애하거나 갓난 아기를 달래어 재우는 데에 웨이츠의 자장가가 여전히 유용하다는 사실이 이 앨범의 변치 않는 능력을 말해 준다.

바늘을 올리기 전에

달걀을 몇 개 부치고 빵 몇 개를 토스터에 던져 넣는다. 이것은 밤늦게 듣기 정말 좋은 앨범이다. 다른 시대의 옛 피아노 바나 카페를 떠올리게 만든다.

SIDE A 올드 패션드 Old Fashioned

이것은 궁극의 갈색 술 앨범일 것이므로. 모든 칵테일의 원조에 해당하는 오리지널 칵테일과 짝을 이루는 것이 합당하다. 단순한 클래식 버전을 만든다(과일 없이). 이 칵테일이 만들어진 것은 1700년대로 거슬러 올라갈 수 있고, 그런 만큼 장년 선배들이 바에 들어와 '옛날 방식'으로 만든 칵테일을 주문하는 모습에서 이름이 붙었을 거라는 상상이 가능하다.

위스키 또는 브랜디 60ml
앙고스투라 비터스 2~3대시
데메라라 각설탕 1개
물 1작은술
오렌지 껍질(장식용)

차게 식힌 온더락 잔에 각설탕과 비터스, 물을 넣고 짓이긴다. 잔에 얼음을 채우고 위스키를 붓는다. 오렌지 껍질로 장식한다.

SIDE B 제이머 앤 진저 Jamo and Ginger

B면 첫곡은 「Rosie」로, 여러분의 핏줄 속에 맺힌 얼음을 녹일 것이다. 그러므로 음향기기의 불빛을 배경으로 하는 궁극의 위스키와 생강 말고는 그 어느 것도 어울리지 않을 것이다. 어떤 위스키라도 괜찮지만, 역시 제임슨이 좋을 것이다.

위스키 45ml
진저 비어 120ml
라임 웨지(선택)

온더락 잔에 얼음을 넣고 위스키와 진저 비어를 붓는다. 원하면 라임 웨지로 즙을 짜 넣는다.

프로듀서: 제리 예스터 Jerry Yester   레이블: Asylum

BLOOD ON THE TRACKS

아티스트: 밥 딜런Bob Dylan   **앨범**: Blood on the Tracks   **장르**: 록, 포크   **언제 틀까?**: 일요일 오후를 느긋하게

앨범 해설

밥 딜런의 대대적 복귀 앨범인 『Blood on the Tracks』는 아내 새라Sara와 갈라선 일에 대한 자전적 앨범으로 간주된다. 아들 제이컵Jakob이 이것이 사실임을 확인해 주었으나, 딜런은 수록된 곡들을 위한 영감을 체호프의 단편에서 얻었다고 주장한다. 하여튼! 이 앨범은 성숙한 작품이자 깊은 고백이다. 이야기를 찾는 사람들과 들려 주는 사람들에게 이 앨범은 더할 나위 없는 음반이다.

바늘을 올리기 전에

딜런과 느긋함은 설명이 거의 필요치 않다. 수프(181쪽)를 한 솥 안쳐 놓고 빈둥거린다. 아니면 거실의 볕 드는 자리에서 낮잠을 잔다.

A: 뉴욕 사워 New York Sour

이 칵테일은 위스키 사워에 와인을 플로팅(층층히 쌓기)한 것으로 보기에 아름답다. 와인과 호밀의 결합으로, 세련된 동시에 소박하다. 양쪽 모두를 갖추고 있으면 삶의 존재론적 슬픔을 마주 대하기가 더 쉽다.

호밀 위스키 또는 버번 60ml
신선한 레몬 주스 30ml
심플 시럽 15ml(213쪽 참조)
레드 와인(플로팅용) 15ml
레몬 휠(장식용)
체리(장식용)

위스키, 레몬 주스, 심플 시럽을 얼음과 함께 흔든 다음, 얼음을 채운 온더락 잔에 걸러 붓는다. 그 위에 와인을 플로팅한다. 장식으로는 레몬 휠로 체리를 감싸 대나무 꼬치나 이쑤시개로 꿴다.

B: 비어스 니스 Beers Knees

이것은 금주법 시대의 클래식한 칵테일 비스 니스(Bee's Knees)를 재해석한 것으로, 진과 밀맥주를 맛있게 섞어 만들어 가볍게 쭉 들이켜기에 좋다. 칵테일의 황금빛에 이끌려 빛 쪽으로 다가가게 될 것이다. 또한 모두가 사랑하기 때문에 많은 사람들이 함께 즐길 수 있다.

진 45ml
신선한 레몬 주스 30ml
허니 시럽 30ml(꿀과 물 1:1)
밀맥주 90ml
레몬 웨지(장식용)

진과 레몬 주스, 허니 시럽을 얼음과 함께 흔든 다음, 얼음을 채운 콜린스 잔에 걸러 붓는다. 그 위에 밀맥주를 붓는다. 레몬으로 장식한다.

1976

아티스트: 이글스 Eagles
앨범: Hotel California
장르: 클래식 록, 이지 리스닝
언제 틀까?: 모닥불 곁

앨범 해설

이글스의 다섯 번째 음반은 1970년대 말 로스앤젤레스의 과도한 퇴폐와 폐허가 된 낙원, 잃어버린 순수 등의 주제를 중심으로 한 콘셉트 앨범이다. 음반의 주제는 미국의 쇠퇴이지만, 음악적으로는 그것을 부드럽게 전달한다. 아름다운 멜로디 위에 쉽게 소화할 수 있는 비트와 카리브해의 편안하고 경쾌한 분위기까지 깔린다. 간간이 심오한 가사와 착 들러붙는 느낌이 나기 때문에 최고의 록 앨범일 뿐 아니라 가장 듣기 좋은 앨범 중 하나로 자리매김했다. 타이틀곡의 서사적인 기타 솔로에 맞춰 첫 잔을 들면 완벽하게 환상에 잠길 수 있다.

바늘을 올리기 전에

만다라 담요를 꺼내고 나무에 랜턴을 몇 군데 걸어 바닷가 분위기를 낸다. 그런 다음 여름 술을 꺼내 모닥불 주위에 둘러앉는다.

SIDE A

비치코머 칵테일 Beachcomber Cocktail

이 클래식 티키 칵테일은 마라스키노 맛이 나는 **다이커리**라고 생각한다. 리큐어가 조금밖에 안 들어가는데도 체리의 숨결이 닿은 멋진 술이 만들어지기 때문이다. 이것은 1947년 발행된 『트레이더 빅스 바텐더 가이드 Trader Vic's Bartender's Guide』에 수록된 오리지널 레시피를 변형한 것이다. 흔든 다음 걸러 낼 수도 있고, 한 컵 정도의 얼음과 섞을 수도 있다.

화이트 럼 60ml
쿠앵트로 22ml
신선한 라임 주스 22ml
마라스키노 리큐어 ½작은술

재료를 1컵 정도의 얼음과 섞은 다음, 차게 식힌 칵테일 잔에 붓는다.

SIDE B

모히토 Mojito

쿠바 아바나에서 탄생한 ― 시기와 기원에 대해서는 이견이 있고 또 1500년대로 거슬러 올라갈 수도 있지만 ― 이 클래식 칵테일은 제2차 세계 대전 이후 헤밍웨이가 즐겨 마신 술로 인기를 얻었다. 피로에 지친 바텐더들에게는 애석한 일이지만 그 뒤로 가장 주문이 많은 칵테일 중 하나가 되었다. 간단하고 상쾌하며, 파티에서 내놓기 매우 좋은 술이다.

화이트 럼 60ml
민트 잎 6개, 민트 가지(장식용) 1개
심플 시럽 22ml(213쪽 참조)
신선한 라임 주스 22ml
클럽 소다 60ml

온더락 잔에 민트 잎과 심플 시럽을 넣고 짓이긴다. 럼과 라임 주스를 넣는다. 젓는다. 잔에 얼음을 채우고 그 위에 클럽 소다를 붓는다. 민트 가지로 장식한다.

프로듀서: 빌 심칙 Bill Szymczyk   레이블: Asylum

Running on Empty
Jackson Browne

1977 아티스트: 잭슨 브라운 Jackson Browne 앨범: Running on Empty 장르: 록, 포크, 컨트리 록 언제 들까?: 여행을 계획하며

앨범 해설 우수에 젖은 궁극의 로드 앨범인 잭슨 브라운의 『Running on Empty』는 전적으로 투어 버스와 호텔과 라이브 공연에서 녹음되었다. 새로운 소재를 가지고 작업한 앨범 덕분에 그의 편안한 캘리포니아 분위기와 소년 같은 얼굴이 미국 팝의 전면에 떠올랐다. 언플러그드 포크 록과 멋진 일렉트릭 기타가 절묘하게 어우러진 이 앨범은 비 오는 밤 사랑이나 후회로 인한 쓰라림을 느낄 때 듣고 싶어지는 음반이다. 바늘을 올리고, 술을 한잔 따라 놓고, 다음에는 어디로 여행할지 계획한다.

바늘을 올리기 전에 지도책을 펴 놓고 술과 테이크아웃 음식을 먹으며 갈 곳을 그려 나간다.

SIDE A

올드 팔 Old Pal

네그로니와 비슷하게 올드 팔은 여행 중에 세 가지 재료를 가지고 쉽게 만들어 마실 수 있는 강력한 칵테일로, 해리 맥엘혼의 1927년 판 『해리의 칵테일 만들기 기초 *Harry's ABC of Mixing Cocktails*』에 처음 수록된 오래 된 술이지만 근래에 다시 인기를 되찾았다. 아아, 캄파리와 호밀 위스키의 달콤 씁쓸하고 편안한 맛이란. 마음이 아플 때 올드 팔 한 잔을 쥐고 소파에 웅크리고 있는 것보다 더 나은 치료제는 거의 없다.

호밀 위스키 30ml
캄파리 30ml
드라이 베르무트 30ml
오렌지 껍질 또는 레몬 껍질(장식용)

재료를 저은 다음, 차게 식힌 칵테일 잔에 걸러 붓는다. 오렌지 또는 레몬 껍질로 장식한다.

SIDE B

화이트 플러시 White Plush

우리는 속일 생각이 없다 — 『Running on Empty』는 하룻밤의 정사와 코카인과 탄원이 가득한 쓸쓸한 앨범이다. 이 놀라운 칵테일로 위장에 찬 기운을 한 겹 둘러 스스로를 강화함으로써 B면에 대비하자. 화이트 플러시 레시피는 여러 가지가 있지만, 이것은 그중 우리가 가장 좋아하는 레시피이다. 호텔의 미니 바에 쉽게 보관할 수 있는 재료로 만들 수 있다.

블랜디드 스카치 45ml
홀 밀크 ½컵
가루 설탕 ½작은술

흔든 다음, 커다란 얼음덩이 1개를 넣은 온더락 잔에 걸러 붓는다.

프로듀서: 잭슨 브라운   레이블: Asylum

Hank Williams
40 Greatest Hits

아티스트: 행크 윌리엄스 Hank Williams   앨범: 40 Greatest Hits (1978)
장르: 컨트리, 블루스   언제 틀까?: 베란다에서 낮잠을 즐길 때

앨범 해설

윌리엄스 사망 25주기에 발매된 이 2장짜리 앨범은 애주가였던 윌리엄스를 유명하게 만든 곡을 다수 수록하고 있다. 그는 그랜드 올 오프리에서 퇴출되었고 29살에 세상을 떠났지만, 이 컬트 영웅의 음악에는 방탕한 삶에 대한 우울한 체념과 아울러 깊은 그리움이 가득하다. 다만 상심과 슬픔이 가득한 음반이기는 해도, 떠돌이 시골뜨기 음유 시인의 목소리에서 솟아나는 불굴의 정신도 담겨 있다. 이것은 오래 오래 즐겨 따라 부르는 감상적이고 현실적인 앨범이다.

바늘을 올리기 전에

흔들의자를 가져다 놓고 느긋하게 자리를 잡는다. 한쪽 눈을 카우보이 모자로 가리면 더욱 좋다.

SIDE A

버번 앤 브랜치
Bourbon and Branch

원래 '브랜치 워터'는 '냇물에서 끌어들인 물'이라는 뜻이지만, 술에서는 술에 타는 맹물을 말한다. 양조장으로 공급되는 바로 그 물을 사용하는 것이 이상적이다. 이것은 오래된 풍습으로, 바에서는 지금도 버번에 물을 탄 것을 가리키는 용어로 쓰인다. 오늘날 냇물에 잔을 담그고 싶은 사람은 아마도 없겠지만, 위스키 한잔에 생수를 조금 넣으면 향이 더해진다.

버번 60ml | 생수 1잔

버번을 유리병에 넣고 물을 조금 섞는다.

SIDE B

샌디(인 어 캔)
Shandy (in a Can)

샌디는 샌디개프의 준말로, 1800년대에 영국에서 인기를 얻은 음료이다. 맥주와 시트러스를 조합하면 부담 없이 마음껏 즐길 수 있는 궁극의 여름 음료가 된다. 상쾌하고 알코올 함량이 낮아 오랫동안 음악을 즐길 때 마시기 가장 좋다. 아예 피처로 가득 준비해 놓고 말한다. "저쪽으로 좀 비켜 봐."

라거 1병 | 레모네이드 120ml | 레몬 휠(장식용)

맥주와 레모네이드를 유리잔에 함께 넣고 젓는다. 레몬 휠로 장식한다.

프로듀서: 프레드 로즈 Fred Rose, 웨슬리 로즈 Wesley Rose   레이블: Mercury

Bob Marley
AND THE WAILERS

아티스트: 밥 말리 앤 더 웨일러스 Bob Marley and the Wailers   **앨범**: Legend (1984)
장르: 레게   **언제 틀까?**: 느긋하고 여유로운 시간을 보낼 때

앨범 해설 역사상 가장 많이 팔리는 앨범인 이 음반은 밥 말리가 암으로 사망한 지 3년 만에 발매되었다. 말리의 최고 히트곡과 싱글을 모아 놓은 『Legend』는 희망과 보편적 사랑을 부르짖은 그의 서사적 노래들이 담겨 있다. 가사가 정치적 행동을 요구하기도 하지만, 이 앨범은 장시간의 느긋한 휴식에 바치는 송가이다. 부드러운 리듬에 마음을 맡기고 한숨 돌리자.

바늘을 올리기 전에 마당에 의자를 내놓고 마치 섬에 있는 기분으로 앉는다.

LEGEND

SIDE A

플랜터스 펀치 Planter's Punch

자메이카 럼 펀치라고도 불리는 이 클래식한 칵테일은 이름도 갖가지이거니와 재료도 매우 다양하게 바뀐다. 그레나딘 시럽이 들어가지만 귀찮다 싶으면 애타게 신경 쓸 것 없다. 이 레시피는 시럽 없이도 충분히 맛있다.

다크 럼 60ml

앙고스투라 비터스 1대시

신선한 파인애플 주스 30ml

신선한 오렌지 주스 30ml

신선한 라임 주스 30ml

그레나딘 시럽 7.5ml(212쪽 참조)

라임 휠(장식용)

오렌지 휠(장식용)

재료를 얼음과 함께 흔든 다음, 얼음을 채운 온더락 잔에 걸러 붓는다. 라임과 오렌지 휠로 장식한다.

SIDE B

자메이카 기네스 펀치 Jamaican Guinness Punch

남성의 성욕 촉진제라는 소문이 있는 이 펀치는 놀라울 만큼 부드러운 조합이다. 흑맥주의 쓴맛이 연유의 단맛에 완벽하게 중화되고 향신료 덕분에 상큼한 맛이 난다. 이것은 꿈의 거품 맥주 쉐이크이다.

4인분

기네스 또는 다른 흑맥주 360ml

홀 밀크 1컵

가당 연유 ¼~½컵

바닐라 익스트랙 1작은술

갓 간 육두구(장식용)

시나몬(장식용)

블렌더에 흑맥주, 우유, 연유, 바닐라를 1컵 정도의 얼음과 함께 넣고, 8~10초 동안 또는 잘 섞일 때까지 잠깐씩 돌린다. 필요하면 연유를 더 넣는다. 차게 식힌 온더락 잔에 붓고, 육두구와 시나몬으로 장식하여 내놓는다.

프로듀서: 없음   레이블: Island

U2
THE JOSHUA TREE

아티스트: 유투U2 앨범: The Joshua Tree 장르: 록, 얼터너티브 록 언제 틀까?: 여름날 그냥 모일 때

앨범 해설

대범하면서도 미니멀한 느낌과 아울러 아름답고 관조적인 『The Joshua Tree』는 비틀릴지라도 꿋꿋하게 영웅적 모습으로 사막에 서 있는 조슈아 트리의 울퉁불퉁한 이미지를 가져와, 품위를 간직한 채 역경에 저항하는 기념비적 앨범으로 빚어 낸다. 브라이언 이노와 다니엘 라누아Daniel Lanois라는 두 명의 전설이 제작한 유투의 다섯 번째 앨범은 아일랜드 출신 펑크 락 밴드인 유투의 미국적 주제에 초점을 맞춘다. 유투는 미국 투어 동안 반해 버린 광활한 공간을 담아 냈고, 이 앨범으로 수퍼스타 반열에 올랐다.

바늘을 올리기 전에

야외 벽난로에 불을 지피고 데킬라를 꺼낸다.
이 앨범은 모닥불과 매우 잘 어울린다.

1987

엘 디아블로 El Diablo

캘리포니아 사막에서 솟아오르는 저 보기 드문 꽃처럼 **엘 디아블로**는 아름다운 빛깔과 향기로 피어난다. 1946년 트레이더 빅스의 칵테일 책에 처음 등장한 이 루비색 엘릭시르는 쉽게 마실 수 있고 맛있는 향을 담고 있다. 좋은 진저 비어를 사용하는 것이 핵심이다.

레포사도 데킬라 45ml
크렘 드 카시스 15ml
신선한 라임 주스 15ml
진저 비어 60~90ml
라임 웨지와 신선한 블랙베리 1개(장식용)

진저 비어를 제외한 나머지 재료를 얼음과 함께 흔든다. 얼음을 채운 콜린스 잔에 걸러 붓는다. 그 위에 진저 비어를 붓는다. 라임 웨지와 블랙베리를 꼬치에 꿰어 장식한다.

데저트 더비 Desert Derby

클래식한 **브라운 더비**는 로스앤젤레스에서 유래한 것으로 보인다. 같은 이름의 레스토랑 이름을 딴 것으로 추정되지만, 그 근처의 벤돔 클럽에서 만든 것이라고 소개되는 때도 많다. 세이지 잎을 사용한 변형판이 2014년 『본 아페티 *Bon Appétit*』지에 실렸는데, 여기서는 이것을 바탕으로 **데저트 더비**를 만들기로 한다. 위스키는 자몽을 사랑하고, 자몽과 세이지는 서로 사랑한다. 그 결과 보라, 이 삼각관계를! 사막과 미국 맛이 난다.

호밀 위스키 60ml
앙고스투라 비터스 2대시
신선한 레드 또는 핑크 자몽 주스 30ml
신선한 라임 주스 15ml
허니 시럽 7.5ml(꿀과 물 1:1)
신선한 세이지 잎 4개(따로 뗀다)

재료를 세이지 잎 3개와 함께 흔든 다음, 차게 식힌 칵테일 잔에 걸러 붓는다. 남은 세이지 잎을 손바닥에 놓고 다른 손바닥으로 쳐 향이 나게 한 다음 칵테일 위에 띄운다.

AUTOMATIC R.E.M. FOR THE PEOPLE

아티스트: 알이엠 R.E.M.　**앨범:** Automatic for the People (1992)
장르: 얼터너티브 록　**언제 틀까?:** 나른한 토요일

앨범 해설　알이엠은 1991년 발매한 『Out of Time』으로 대학 밴드라는 딱지를 벗고 세계적 명성의 밴드로 발돋움했다. 이때 이들은 스튜디오로 돌아가 후속 앨범을 녹음했는데, 이전 앨범의 부드러운 분위기에서 벗어나 좀 더 거친 쪽을 의도했으나 결과물은 그들 최고의 부드러운 걸작이었다. 팬들이 기대한 것은 우수에 잠긴 조용한 앨범이 아니었으나, 이 음반은 어마어마한 성공을 거두면서 변치 않는 클래식으로 자리를 잡았다.
바늘을 올리기 전에　화분에 물을 주고 나서 카디건을 걸치고 이 부드럽고 달콤한 앨범에 푹 젖어든다.

A: 민트 줄렙 Mint Julep

윌리엄 포크너William Faulkner가 즐긴 술이자 켄터키 더비의 공식 칵테일인 **줄렙**은 실로 매우 오래 된 칵테일로, 세계적으로 유명해진 최초의 미국 술 중 하나이다. 남부 식민 정착지에서 유래했는데, 처음에는 의료용으로 사용되었을 것이다.

버번 60ml
심플 시럽 15ml(213쪽 참조)
민트 잎 6개, 민트 가지(장식용) 3개

민트 잎과 심플 시럽을 온더락 잔이나 줄렙 컵에 넣고 짓이긴다. 민트가 가루가 되지 않도록 한다. 목적은 기름이 나오게 하는 것이다. 잘게 부순 얼음과 버번을 추가하여 컵에 서리가 맺힐 때까지 젓는다. 30초 정도 걸린다. 민트 가지로 장식하고 빨대와 함께 내놓는다.

B: 새저렉 Sazerac

위스키로 만드는 최고의 사색적 칵테일 중 하나인 **새저렉**은 비터스, 압생트와 완벽한 조화를 이루는 호밀 위스키(또는 브랜디) 칵테일이다. 음악을 들으면서 홀짝이기 좋으며, 밤중에 수영을 즐길 일이 있다면 몸을 데워 줄 것이다.

호밀 위스키 또는 브랜디 60ml
압생트, 잔에 두를 만큼
앙고스투라 비터스 1대시
페이쇼드 비터스 4대시
각설탕 1개(또는 설탕 1작은술)
레몬 껍질(장식용)

온더락 잔 안쪽에 압생트를 두른다. 믹싱 글라스 안에 각설탕을 떨구고, 설탕이 잘 녹게끔 비터스와 위스키를 조금 뿌린 다음 짓이긴다. 남아 있는 위스키를 넣고 얼음과 함께 젓는다. 준비된 온더락 잔에 걸러 붓는다. 레몬 껍질로 장식한다.

프로듀서: 스콧 리트Scott Litt, 알이엠   레이블: Warner Bros.

MTV UNPLUGGED IN NEW YORK

NIRVANA

아티스트: 너바나 Nirvana 앨범: MTV Unplugged in New York (1993) 장르: 그런지, 얼터너티브 록 언제 틀까?: 그런지 나이트

앨범 해설 너바나는 1991년 앨범 『Nevermind』에 수록된 히트곡 「Smells Like Teen Spirit」으로 북서부의 그런지 락 신에서 벗어났다. 새로운 세대에게 직접 말을 건네는 듯한 이 인기 절정의 곡으로 너바나는 – 그리고 리더인 커트 코베인 Kurt Cobain은 – 시대정신을 대표하는 존재가 되었다. 코베인이 죽은 직후 발매된 '언플러그드' MTV 세션은 이들이 늘 들려 주던 불만스런 무거운 소리와는 판이하게 달리, 더없이 감동적이고 섬세하며 친밀한 느낌의 음반이다. 녹음하는 동안 코베인은 금단 현상을 겪고 있었고 무대를 장례식처럼 꾸미도록 요청했는데, 그렇게 등장한 것은 연약하면서도 놀라운 목소리이다. 코베인은 그리고 너바나는 음악에 혁명을 가져왔다. 이 앨범은 그 이유를 알 수 있는 음반이다.

바늘을 올리기 전에 1990년대의 그런지 신을 되살리기 위해 비니를 쓰고 헐렁한 옷을 입고 전투화를 신는다. 샤워는 거른다.

A — 플란넬 셔츠 Flannel Shirt

이것은 바텐더이자 술 작가인 제프리 모건테일러 Jeffrey Morgenthaler가 오리건 주 포틀랜드(말고 어디겠어?)에서 운영하는 바 클라이드 커먼에서 만든 칵테일이다. 북서부의 게으름뱅이들이 모이는 곳! 여기에는 여러 가지 맛이 들어간다. 재료가 많다고 해서 의욕을 잃지는 마시라. 놀라운 칵테일이기도 하거니와, 손님 수가 많아도 만들기 쉽다.

스카치 52ml
아베르나 15ml
세인트 엘리자베스 올스파이스 드램 ½작은술
앙고스투라 비터스 2대시
신선한 레몬 주스 7.5ml
데메라라 시럽 1작은술(데메라라 설탕과 물 2:1)
애플 사이다 45ml
오렌지 껍질(장식용)

재료를 얼음과 함께 흔든 다음. 얼음을 채운 온더락 잔에 걸러 붓는다. 오렌지 껍질로 장식한다.

B — 요르시 Yorsh

이번 파티는 그냥 시작하는 것도 괜찮다. 추월 차선을 탈 수 있는데 굳이 수고스럽게 맥주를 들이부으면서 천천히 취할 필요가 있을까? 이 칵테일 앞에서는 약해졌다는 말을 듣지 않을 것이다. 이 러시아(당연하게도) 칵테일은 흥이 오르는 지름길이다.

보드카 60ml
맥주 1캔

보드카와 맥주를 섞는다. 뭔가 의미 있는 말을 한 마디 한 다음 한 모금 마신다.

프로듀서: 알렉스 콜레티 Alex Coletti, 스콧 리트, 너바나   레이블: DGC

SNOOP DOGGY DOGG

DOGGYSTYLE

아티스트: 스눕 도기 독 Snoop Doggy Dogg **앨범:** Doggystyle (1993)
장르: 갱스타 랩, 지-펑크 **언제 틀까?:** 여유로운 핫 텁 파티

앨범 해설 스눕 독은 닥터 드레의 획기적인 앨범 『The Chronic』 작업을 끝마친 직후 스튜디오에 틀어박혀 자신의 데뷔 음반 녹음을 시작했다. 음반은 엄청난 인기를 끌었고, 웨스트코스트 힙합과 지-펑크를 대중에게 소개하는 데 큰 역할을 했다. 자유분방한 분위기 속에서 기발함과 우스꽝스러움 사이를 오가며, 총과 섹스, 자동차와 돈에 관한 현실적인 가사를 편견 없이 직설적으로 전달한다. 그런 만큼 이것은 무겁고 빡빡한 라이프 스타일에 정면으로 맞서는 파티 앨범이다.

바늘을 올리기 전에 바 카트를 베란다로 끌고 나가자. 첫 곡 「Bathtub」에 맞춰 물을 튀길 수 있도록 거품을 일으켜 놓자. 다른 어떤 앨범도 이 앨범처럼 '스펀지 목욕 좀 시켜 줄래?'라고 말하지 않는다.

SIDE A 진 앤 주스
Gin and Juice

이 앨범의 세 번째 곡에 맞춰 이 클래식 칵테일을 즐긴다. 피처 가득 만들어 두면 더욱 좋다. 술술 넘어가니까.

진 60ml
신선한 자몽 주스 60ml
신선한 오렌지 주스 60ml
라임 휠 1개(장식용)

재료를 얼음과 함께 흔든 다음, 술과 얼음 모두를 하이볼 잔에 붓는다. 라임으로 장식한다.

SIDE B 탱커레이 넘버 텐 '레이드 백'
Tanqueray No. Ten "Laid Back"

스눕 독은 탱커레이를 가지고 이 시그니처 칵테일을 직접 고안했다. 맛있는 술이다. 월월!

탱커레이 넘버 텐 30ml
시락 애플 보드카 30ml
신선한 파인애플 주스 60ml
클럽 소다 60ml
파인애플 웨지(장식용)

소다와 얼음을 제외한 모든 재료를 함께 흔든다. 얼음을 채운 온 더락 잔에 걸러 붓는다. 그 위에 소다를 붓는다. 파인애플 웨지로 장식한다.

프로듀서: 닥터 드레, 슈그 나이트 Suge Knight   레이블: Death Rcw, Interscope

1997

아티스트: 부에나 비스타 소셜 클럽
앨범: Buena Vista Social Club
장르: 손, 볼레로, 단손, 과히라
언제 틀까?: 쿠바를 주제로 한 디너 파티

앨범 해설

1996년 미국의 기타리스트 라이 쿠더 Ry Cooder가 또 다른 작업을 위해 아바나에 갔을 때 1940년대부터 60년대 초까지 존재하다가 맥이 끊어진 지 오래된 어느 회원제 클럽의 음악을 발굴해 내기 시작했다. 쿠더는 원래 그 클럽에서 연주했던 음악가 몇몇을 비롯한 현지 음악가들을 고용하여 이 전설적 음반을 단 6일 만에 녹음했다(영화 감독 빔 벤더스 Wim Wenders가 앨범 제작 과정을 필름으로 기록했다). 앨범이 발매되자 전 세계에서 선풍적인 반응이 쏟아져 월드 투어에 나서게 됐고, 그렇게 쿠바의 전통 음악을 새로운 청중에게 전달하게 되었다. 처음 듣는 사람조차 익숙한 히트곡 같은 느낌을 받을 정도로 오래오래 기억에 남는 걸작들을 수록한 전염성 강한 앨범이다.

바늘을 올리기 전에

쿠바 분위기를 낸다. 아로스 콘 포요를 요리하거나 큰 솥에 스튜를 준비한 다음, 파타콘(플랜테인 튀김)을 한 접시 내놓는다.

SIDE A 다이커리 Daiquiri

미국–스페인 전쟁 때 어느 공학자가 만들었다는 이 클래식 쿠바 칵테일은 만들기도 쉽고 넘김도 좋다.

- 라이트 럼 60ml
- 신선한 라임 주스 30ml
- 심플 시럽 15ml(213쪽 참조)
- 라임 휠(장식용)

재료를 얼음과 함께 흔든 다음, 차게 식힌 칵테일 잔에 걸러 붓는다. 라임으로 장식한다.

SIDE B 올드 쿠반 Old Cuban

유명한 뉴욕 바텐더 오드리 손더스가 만든 이 현대의 클래식은 쿠바의 전통 칵테일은 아니지만 이 앨범에 딱 어울리는 분위기를 모두 갖추고 있다. 모히토(130쪽)와 프렌치75(118쪽)의 사생아 정도로 생각하면 될 것이다. 스파클링 와인이 들어가는데 훌륭하지 않은 칵테일이 있을 수 있을까?

- 숙성 럼 45ml
- 앙고스투라 비터스 2대시
- 민트 잎 6개
- 심플 시럽 30ml(213쪽 참조)
- 신선한 라임 주스 22ml
- 스파클링 와인 60ml
- 민트 잎(장식용)

민트 잎과 시럽, 라임 주스를 셰이커에 넣고 짓이긴다. 럼과 비터스를 넣은 다음, 얼음과 함께 흔든다. 쿠프 잔에 걸러 부은 다음, 그 위에 스파클링 와인을 붓는다. 민트 잎으로 장식한다.

프로듀서: 라이 쿠더   레이블: World Circuit, Nonesuch

IN THE AEROPLANE OVER THE SEA

Neutral Milk Hotel 1998

아티스트: 뉴트럴 밀크 호텔 Neutral Milk Hotel   앨범: In the Aeroplane over the Sea
장르: 인디 록   언제 틀까?: 못생긴 스웨터 파티

앨범 해설 처음 듣는 사람에게 제프 맹검 Jeff Mangum의 대작은 무엇을 상상하건 상상을 초월한다. 급박하게 휩쓰는 듯 쏟아지는 멜로디가 동유럽의 민속 음악과 합창, 프리 재즈와 섞이며, 그렇게 어우러진 소리는 90년대의 '서전트 페퍼' 같은 포크 음악이 된다. 한 노래가 흘러 넘쳐 다음 노래로 이어지며 완전히 몰입하는 완벽한 경험을 이끌어 내는 이 음반은 감정을 휘감는 어마어마한 컬트 앨범(발매한 지 며칠밖에 되지 않았을 때 열린 공연에서도 청중이 따라 불렀다)으로, 현대 음악의 정점이라는 찬사를 받은 바 있다.

바늘을 올리기 전에

누구나 옷장 안에 처박아 둔 못생긴 스웨터가 한 장쯤은 있을 것이다. 그걸 꺼낸다. 최고의 시나리오는 이 밤이 다 가기 전에 다른 사람의 스웨터를 입고 있는 것이다. 술과 함께 게임을 한다. 누군가가 술을 흘리면 모두가 스웨터를 바꿔 입는다. 잔이 비어 있는 사람이 보이면 스웨터를 벗도록 요구할 수 있다.

SIDE A
페이퍼 플레인
Paper Plane

이 레시피는 **네그로니**의 변형이라고 생각하면 된다. 스위트 베르무트 대신 아마로를, 캄파리 대신 더 가벼운 친척뻘인 아페롤을, 진 대신 버번을 사용한다. 그리고 레몬을 약간 넣음으로써 어느 정도 신맛을 낸다. 바텐더 샘 로스 Sam Ross가 개발한 매우 훌륭한 칵테일이다.

버번 22ml
아마로 22ml(로스는 노니노 퀸테센티아를 쓴다)
아페롤 22ml
신선한 레몬 주스 22ml

재료를 얼음과 함께 흔든 다음, 차게 식힌 칵테일 잔에 걸러 붓는다.

SIDE B
임프루브드 홀랜드 칵테일
Improved Holland Cocktail

'향상된(improved)' 칵테일은 마라스키노 리큐어 그리고(또는) 압생트로 더 맛 좋게 만든 칵테일을 말한다. 제리 토머스가 1876년 펴낸 칵테일 안내서인 『바텐더 가이드 *The Bartender's Guide*』 뒷부분에 하나의 부류로서 처음 등장했다. 여기서는 원래 오렌지 큐라소로 만드는 **홀랜드 칵테일**을 더 상위 버전으로 끌어올렸다.

예네버르 60ml
마라스키노 리큐어 ½작은술
앙고스투라 비터스 2대시
압생트 1대시
진한 심플 시럽 1작은술(설탕과 물 2:1)
레몬 껍질(장식용)

재료를 얼음과 함께 저은 다음, 차게 식힌 칵테일 잔 또는 커다란 얼음 큐브를 넣은 온더락 잔에 걸러 붓는다. 레몬 껍질로 장식한다.

프로듀서: 로버트 슈나이더 Robert Schneider 레이블: Merge, Domino

LUCINDA WILLIAMS

CAR WHEELS ON A GRAVEL ROAD
1998

루신다 윌리엄스 Lucinda Williams　　Car Wheels on a Gravel Road　　컨트리, 포크, 블루스　　해창

앨범 해설

제작에 6년이 걸린 이 전설적 앨범은 열정적이고도 반항적인 록 컨트리 블루스를 향한 기념비적 여정으로, 사랑과 상실 그리고 후회로 가득하다. 역사상 가장 위대한 아메리카나 앨범 중 하나이며, 술과 함께 즐기기 더없이 좋은 음반으로도 꼽는다. 온통 흙먼지 날리는 울퉁불퉁한 시골길 같다. 루이지애나 출신인 윌리엄스는 자기 세대 작곡가 중 최고로 꼽는 데다 비평가들의 사랑을 받는데도 불구하고 한번도 제대로 상업적 성공을 거둔 적이 없다. 완벽에 가까운 그녀의 앨범은 그래미 상을 받은 다섯 번째 정규 앨범을 포함하여 한 번도 차트에 오른 적이 없다. 히트곡인 「Passionate Kisses」조차 메리 채핀 카펜터 Mary Chapin Carpenter의 히트곡이 되었다. 머그잔과 유리병에 담긴 칵테일을 마시며 미국 남부에서 온 이 비탄의 송가를 듣자.

바늘을 올리기 전에

잠을 깨기 위해서나 바에서 집으로 돌아왔을 때 턴테이블에 걸기 알맞은 앨범이다. 비스킷을 꺼내거나 달걀을 부치고 먹을 거리를 챙기자.

SIDE A　버번 앤 커피 Bourbon and Coffee

타이틀곡은 주방 식탁에서 커피와 달걀, 베이컨으로 아침 식사를 하게 만든다. 가장 가까이 있는 머그잔을 쓴다. 까다롭게 생각할 것 없다.

버번 60ml
뜨거운 커피 1컵
하프앤하프 크림 약간(없으면 생크림과 우유 1:1)
데메라라 설탕 또는 메이플 시럽(조미용)

재료를 데운 머그잔에 넣고 젓는다.

SIDE B　테네시 맨해튼 Tennessee Manhattan

이 칵테일은 이 앨범이 녹음된 내슈빌에 바치는 경의의 표시이다. 이것은 **맨해튼**이 아니지만, 바로 그게 요점이다. 우리는 이 술을 유리병에 담아내기를 좋아한다. 위스키와 체리는 (**맨해튼**을 즐기는 사람이라면 잘 알고 있듯) 서로 매우 잘 어울린다. 스위트 베르무트 대신 체리 시럽을 쓰는 것은 너무 달림이라 할 수 있지만, 그 덕분에 값싸고 간편하게 목을 축일 수 있는 칵테일이 만들어진다.

테네시 위스키 60ml
앙고스투라 비터스 1대시
마라스키노 체리 1개와 약간의 시럽
클럽 소다 60~90ml

온더락 잔에 위스키와 앙고스투라, 체리 시럽을 얼음과 함께 넣고 젓는다. 그 위에 클럽 소다를 붓고 체리로 장식한다.

프로듀서: 로이 비탄 Roy Bittan, 스티브 얼 Steve Earle, 레이 케네디 Ray Kennedy, 루신다 윌리엄스　　레이블: MERCURY

Wilco
Yankee Hotel Foxtrot

아티스트: 윌코Wilco   **앨범**: Yankee Hotel Foxtrot (2002)   **장르**: 얼터너티브 컨트리, 인디 록   **언제 들을까?**: 넷플릭스와 편안하게

앨범 해설 『Yankee Hotel Foxtrot』은 새천년의 위대한 - '가장 위대한'은 아닐지라도 - 앨범 중 하나라는 평가와 함께 발매되기까지 전설적이라 할 만큼 심한 산고를 겪었다. 첫째, 밴드가 리프리즈 레코드사와 결별했는데, 리프리즈가 이 앨범을 수지 타산이 맞지 않는다고 생각했기 때문이다. 둘째, 앨범은 2001년 9월 11일 발매 예정이었으나, 새 레코드사가 발매를 2002년 4월까지 지연시키는 기적을 보여주었다. 이 밴드와 함께 자라난 팬들에게 『Yankee Hotel Foxtrot』은 수십 년 이어 온 어울림의 결정판이었다. 그때까지 윌코는 흠 잡을 데 없이 만들어진 지적 얼터너티브 컨트리 록을 밴드의 출신지인 시카고로부터 전면으로 끌어올렸는데, 이 앨범은 그것을 집대성한 것처럼 느껴졌다.

바늘을 올리기 전에 앨범 재킷의 이미지에서 영감을 얻어 시카고 스타일의 핫도그를 만들어 보자.

SIDE A: 피시보울 Fishbowl

『Yankee Hotel Foxtrot』은 제프 트위디Jeff Tweedy가 '나는 수족관을 마시는 미국인이야'라는 가사를 읊조리는 것으로 시작한다. 첫 줄 가사가 가수 자신은 술고래라고 고백하는 내용이라면 술과 함께 즐길 수 있는 훌륭한 앨범이라는 것을 알 수 있다. 노래는 듣는 이를 젊은 날의 잃어버린 꿈 속으로 던져 넣는다. 그리고 우리는 이 향수를 불러일으키는 앨범과 대학 시절 통과 의례로 피시보울 칵테일을 마시던 추억을 결부시키며 그 꿈 속으로 따라 들어간다. 우리는 그 시절을 지금의 잣대로 재단하려 한다. 그리고 그 수준을 넘어섰다고 생각하고 싶어 한다. 이것이 요지이다 — 우리의 순진함은 어디로 갔을까? 45cm길이의 빨대를 색색으로 준비하자. 장식에 쓸 것도 가득. 그리고 스웨디시 피시 젤리도 잔 안에 몇 개 투척하자.

2~4인분

보드카 150ml

라이트 럼 150ml

블루 큐라소 리큐어 75ml

신선한 레몬 주스 75ml

코코넛 크림(코코 로페즈) 75ml

신선한 파인애플 주스 240ml

진저 비어 또는 레몬-라임 소다 240ml

장식용: 시트러스 슬라이스, 체리, 파인애플, 식용 난초꽃을 꿰어 쓴다

재료를 피처 안에 넣고 섞는다. 뛰어들 준비가 됐을 때 어항(피시보울)에 얼음을 가득 채운다. 재료를 섞은 피처를 가져와 붓고 아낌없이 장식한다. 빨대를 꽂아 빨아 마신다.

참고: 우리는 이 레시피에서 신선한 통 파인애플을 즐겨 쓴다. 절반은 주스로 만들고 나머지는 장식용으로 쓴다. 뾰족뾰족한 잎도 몇 개 장식용으로 동원한다.

SIDE B: 버번(인 어 딕시 컵) Bourbon (in a Dixie Cup)

윌코의 노래에는 버번이 많이 나온다. '일회용 종이컵 술꾼'을 언급하는 첫곡에서부터, 트위디가 '당신이 그토록 사랑하는 가수는 / 숨 쉴 때 버번 냄새가 나요 / 그는 가사를 모두 책에서 가져오죠 / 어떻든 당신은 읽지 않는 책에서 말이예요' 하고 노래하는 「Poor Places」까지. 얼간이 같으니라고.

버번 45ml   버번을 종이컵에 붓는다. 내놓는다.

보너스 트랙

이 인디 음반을 틀어 놓고 칵테일을 만드는 동안 듣는다. 그리고 자리에 앉아 이 앨범의 제작 과정을 담은 다큐멘터리 『네게 마음의 상처를 입히려는 중이야 I Am Trying to Break Your Heart』를 감상한다.

프로듀서: 윌코   레이블: Nonesuch

Turn on the Bright Lights

앨범 해설

어둡고 낭만적이며 폐소 공포적인 인터폴의 데뷔 앨범은 911 이후 감정적으로 메마른 미국의 모습을 담았다. 유달리 활기찬 2000년대 초 뉴욕의 음악 현장에서 비롯된 이 음반은 에너지와 공감을 가지고 잊을 수 없는 분위기를 포착했다. 조이 디비전과는 불가피하게 비교되겠지만 이 앨범은 뭔가 새롭다. 앞으로 나아가려는 충분한 추진력을 갖춘 채 생각에 잠긴 여유로운 태도로 집요하게 로큰롤을 전달하기 때문이다.

바늘을 올리기 전에

조명을 모두 끈다. 야광 페인트를 얼굴에 바를 것을 권장한다. 또는 야광 별을 나눠 주고 이번 파티를 거실에서 우주를 다시 상상하는 기회로 활용한다.

아티스트: 인터폴 Interpol   앨범: Turn on the Bright Lights (2002)   장르: 인디 록, 포스트 펑크 리바이벌   언제 틀까?: 야광 파티

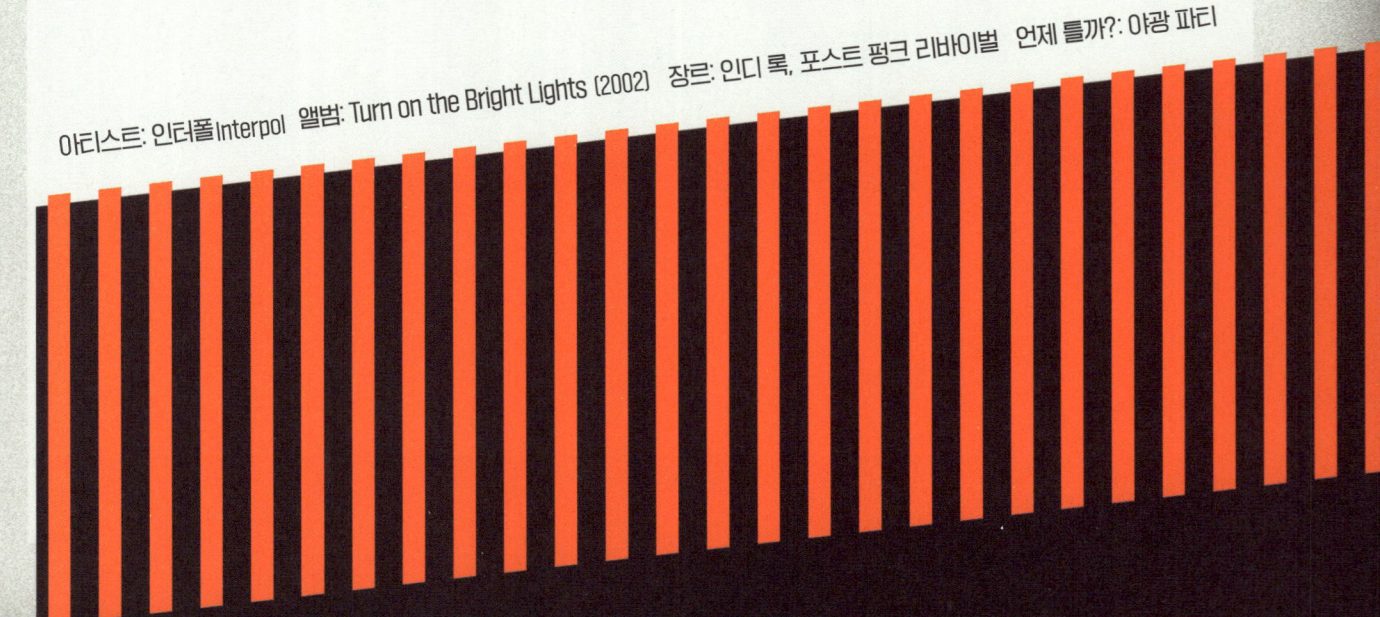

SIDE A 블랙 맨해튼 Black Manhattan

토드 스미스Todd Smith가 샌프란시스코의 버번 앤 브랜치에 있을 때 만든 이 칵테일은 고전적인 맨해튼에 들어가는 스위트 베르무트 대신 아마로를 사용한 변형 칵테일이다. 그 결과는 여러분의 마음에 매우 들 것이다.

호밀 위스키 60ml • 아마로 30ml(스미스는 아베르나를 사용한다) • 앙고스투라 비터스 1대시
오렌지 비터스 1대시 • 체리(장식용)

재료를 얼음과 함께 저은 다음, 차게 식힌 칵테일 잔에 걸러 붓는다. 체리로 장식한다.

SIDE B 인터폴 Interpol

바텐더 카일 데이비슨Kyle Davidson이 시카고의 블랙버드 레스토랑에 있을 때 만든 이 칵테일에는 와인 베이스 아마로 로서 전통적으로 식전에 소화제로 마시는 술인 카르다마로(Cardamaro)가 들어간다. 이름이 카르다마로이니 주 재료가 카다멈일 것이라 생각하기 쉽지만, 아티초크 맛이 얼핏 나는 카르둔이라는 채소를 담근 것이다. 여기 소개한 레시피처럼 장인의 손길이 닿으면 칵테일 재료로 훌륭하다.

시타델 진 30ml • 카르다마로 45ml • 레몬 주스 15ml

재료를 얼음과 함께 흔든 다음, 칵테일 잔에 걸러 붓는다.

프로듀서: 개러스 존스Gareth Jones, 피터 케이티스Peter Katis   레이블: Matador

BACK TO BLACK
AMY WINEHOUSE

아티스트: 에이미 와인하우스 Amy Winehouse 앨범: Back to Black (2006) 장르: 소울, R&B, 네오 소울 언제 틀까?: 느긋한 바비큐 파티

앨범 해설

『Back to Black』은 가창력이 뛰어난 에이미 와인하우스의 두 번째 정규 앨범이다. 이 음반에서 그녀는 슈프림스나 샹그리라스 같은 1950~60년대 걸 그룹의 소리를 탐구하며, 여기서 받은 영감을 가지고 현대적 감성을 지닌 소울 클래식이라는 복고풍 앨범을 창조했다. 앨범에서 와인하우스는 금관 악기 같은 대담한 목소리로 강렬하게 다가오며, 아름다우면서도 거부할 수 없는 솔직함으로 아픈 마음을 표현한다.

바늘을 올리기 전에

우리는 야외 디너 파티(등갈비와 와인을 손에 든)에서 이 앨범을 즐겨 튼다. 여러 가지 화려한 곁들임 음식은 생략하고, 밤새도록 그릴을 가동한다.

A

칼리모초
Calimocho (or Kalimotxo)

칼리모초는 간단 그 자체이다. 저렴한 레드 와인과 콜라뿐이니까. 스페인에서 유래한 까다롭지 않은 칵테일 조합으로, 미모사나 스프리처와 비슷하다. 우리는 소다와 사탕수수 설탕으로 향을 더해 즐긴다. 그러므로 구할 수 있다면 멕시칸 코크를 준비하자. 결과물은 맛이 체리 콜라와 비슷하다. 그르나슈나 쉬라즈 같은 진득한 레드 와인을 쓴다. 변화를 주고 싶으면 레몬-라임 소다를 시도해 본다.

레드 와인 90ml
콜라 90ml
라임 웨지(장식용)

얼음을 채운 컵에 와인과 콜라를 섞는다. 라임 웨지로 장식한다.

프로듀서: 마크 론슨 Mark Ronson, 살람 레미 Salaam Remi

B

압생트 프라페
Absinthe Frappé

이 파티를 계속 즐기고 싶은 사람? 압생트 병을 따고 와인하우스 B면의 안절부절 못하는 분위기에 편승한다. 압생트를 내는 전통적인 방식보다 덜 성가신(숟가락과 각설탕에 신경 쓰지 않는다) 압생트 프라페는 매우 상쾌하다. 잘게 부순 얼음을 만들려면 지퍼백에 얼음 큐브를 넣고 고기 망치나 밀대로 두들긴다.

압생트 45ml
심플 시럽 15ml(213쪽 참조)
클럽 소다 60ml
민트 가지(장식용)

압생트와 심플 시럽을 흔든 다음, 잘게 부순 얼음을 수북이 채운 작은 온더락 잔 위에 걸러 붓는다. 민트 가지로 장식하고 빨대와 함께 내놓는다.

레이블: Island

VAMPIRE WEEKEND

앨범 해설 뱀파이어 위켄드의 데뷔 앨범은 요트 록과 아프로비트를 뻔뻔할 정도로 '범생이'적이면서도 기발하게 섞었다. 아이비리그 출신인 이들이 보트에서 촬영한 비디오와 고전 건축물을 언급하는 모범생 같은 가사를 선보이며 잘난 척하는 듯한 기발한 행동을 연출하자 대학교 구내 방송들이 뜨겁게 달아올랐고 수많은 청년 팬이 생겨났다. 「Mansard Roof」과 「Campus」 두 곡은 좋아하지 않을 수 없는 노래이다.

바늘을 올리기 전에 보트 슈즈를 신고 프레피 셔츠 차림으로 요트 선착장에 나와 있다고 상상한다. 즐거운 기분이 들면 새우 양상추 말이(163쪽)를 내놓는다.

아티스트: 뱀파이어 위켄드 Vampire Weekend **앨범:** Vampire Weekend (2008) **장르:** 인디 록, 인디 팝, 월드 비트 **언제 틀까?:** 요트 록 파티

SIDE A 옥스퍼드 콤마 Oxford Comma

바텐더 제러미 오어텔Jeremy Oertel이 만든 이 레시피는 그린 샤르트뢰즈와 샐러리 향을 조합하여 체리 리큐어의 달콤한 맛이 얼핏 나는 신선한 칵테일을 만든다. 이 조합이 약간 이상하고 식물성이라는 생각이 들 수 있겠지만 여러분의 새로운 최애 칵테일이 될지도 모른다. 오어텔은 이 칵테일 이름을 이 앨범의 두 번째 곡을 따라 지은 것이 아니라고 주장한다. 하지만 그게 무슨 상관이란 말인가? 어울리는데. 참고: 비터멘스의 샐러리 슈럽(Bittermens Celery Shrub)은 온라인으로 구할 수 있다. 스포이트 가득 넉넉하게 넣으면 칵테일 맛이 정말로 살아난다.

진 60ml(오어텔은 플리머스를 권한다)
드라이 베르무트 22ml
그린 샤르트뢰즈 15ml
마라스키노 리큐어 1작은술
비터멘스 샐러리 슈럽 1대시
레몬 껍질(장식용)

재료를 얼음과 함께 저은 다음, 차게 식힌 칵테일 잔에 걸러 붓는다. 레몬 껍질로 장식한다.

SIDE B 케이프 코드 쿨러 Cape Cod Cooler

아, 이것은 프레피들이 고른 술이다. 그들이 즐겨 입는 셔츠와 즐겨 신는 신발이 저절로 떠오른다. 크랜베리 주스를 주재료로 하는 수많은 술(시 브리즈, 베이 브리즈, 마드라스, 우 우) 중 하나인 케이프 코드 쿨러는 오션 스프레이가 크랜베리 주스를 대대적으로 판매한 1960년대에 유명해졌다. 대단히 맛있는 마실거리인 데다 만들기도 쉬우니 금상첨화다. 잠깐만 기다리면 된다!

보드카 60ml
크랜베리 주스 75ml
신선한 라임 주스 15ml
클럽 소다 30~60ml
라임 슬라이스(장식용)

클럽 소다를 제외한 나머지 재료를 모두 넣어 얼음과 함께 흔든 다음, 얼음을 채운 콜린스 잔에 걸러 붓는다. 그 위에 클럽 소다를 붓고 라임 슬라이스로 장식한다.

간식거리! :: 새우 양상추 말이 Shrimp Lettuce Wraps

우리는 파티 때 새우 샐러드를 올드 베이 양념에 재워 두었다가 양상추로 싸서 내는 것을 좋아한다. 이 새우 말이를 한 쟁반 가득 담아 놓고 따로 대파 몇 개를 썰어 래디시 슬라이스와 장식하면 특히 보기가 좋다.

4~6인분

저지방 요거트 ½컵
화이트 와인 식초 1작은술
신선한 레몬 주스 1½작은술
핫소스 1대시
우스터셔 소스 ¼작은술
올드 베이 양념 1작은술
익힌 새우 450g(껍질을 벗기고 창자를 제거한다)
다진 샐러리 ½컵
작은 크기로 깍둑썰기한 취청오이 ¼컵
얇게 썬 대파 ¼컵
래디시 4개(작은 크기로 깍둑썰기한다)
천일염과 후추(조미용)
로메인 양상추 1포기 또는 버터 양상추 2포기

요거트와 식초, 레몬 주스, 핫소스, 우스터셔 소스, 올드 베이 양념을 중간 크기 볼에 넣고 섞는다. 새우와 샐러리, 오이, 대파, 래디시를 넣고 저어 양념을 묻힌다. 소금과 후추로 간을 맞춘 다음, 볼 뚜껑을 덮고 냉장고에서 식힌다. 양상추로 싸서 내놓는다.

프로듀서: 로스탐 바트망글리지 Rostam Batmanglij   레이블: XL

CHAPTER 4

유혹

'음악이 사랑의 양식이라면, 연주를 계속하라.' – 윌리엄 셰익스피어, 『십이야 Twelfth Night』

프랭크 시나트라 Frank Sinatra ✕ 마일스 데이비스 Miles Davis ○ 비치 보이스 The Beach Boys ✕ 도어스 The Doors
레너드 코언 Leonard Cohen ○ 아이작 헤이스 Isaac Hayes ○ 닐 영 Neil Young ○ 조니 미첼 Joni Mitchell ✕ 마빈 게이 Marvin Gaye
알 그린 Al Green ○ 스티비 원더 Stevie Wonder ✕ 더 스미스 The Smiths ○ 더 큐어 The Cure ○ 라디오헤드 Radiohead ○ 본 이베어 Bon Iver

엘피판의 매력 하나는 손에서 느껴지는 감각이다. 재킷에서 음반을 꺼내고, 턴테이블 축에 맞춰 끼우고, 바늘을 홈에 살며시 내린다. 재킷이 야성적이거나 수록곡 목록이 호기심을 자아낸다면 시각적 매력도 느껴진다. 수집가라면 누구나 동의하겠지만, 엘피는 관능적이다. 이 장에서 소개하는 앨범은 특히 유혹적이다. 조니 미첼이 자신의 망사 스타킹에 대해 노래한다. 레너드 코언은 수잔과 매리앤 그리고 '겨울 여인'에게 나직이 읊조린다. 이런 노래를 듣는 동안 사랑의 감정을 느끼지 않기란 불가능하다. 물론 키스를 하다가 음반을 뒤집으려면 흥이 깨질 수도 있지만, 한번 생각해 보라. 함께 레코드를 듣는 것보다 무엇이 더 로맨틱할 수 있을까? 넷플릭스 보면서 쉴까, 아니면 엘피를 들으며…?

달콤한 음식도 훌륭하지만 칵테일이 더 빠르다. 클래식한 **맨해튼**(170쪽)이나 거친 **휘즈 뱅**(203쪽), 사랑스러운 **부점 커레서**(183쪽)로 구애하는 법을 배우자. 이 장에서 소개하는 술은 세월의 검증을 거친 유혹의 칵테일이다.

In the Wee Small Hours

Frank

Stereo

168

아티스트: 프랭크 시나트라 Frank Sinatra   앨범: In the Wee Small Hours
장르: 보컬 재즈, 팝   언제 들까?: 친밀하게 춤을 출 때

앨범 해설

시나트라의 경력은 1950년대 초에 바닥을 쳤다가 1953년 영화『지상에서 영원으로 From Here to Eternity』에 출연하고 또 음반 두 장이 성공을 거두면서 어느 정도 되살아났다. 그와는 별개로 개인적으로는 비참하기 이를 데 없었다. 1951년 아내와 헤어지고 배우 에바 가드너 Ava Gardner를 택했지만, 가드너는 그 직후 그를 떠났다. 이 앨범에서 가수는 깊은 감정이 담긴 목소리로 상실과 우울 그리고 외로움을 노래하며 실연의 슬픔을 전달한다. '콘셉트 앨범'으로 간주되는 이 음반은 전부 밤에 녹음되었으며, 녹음하는 동안 시나트라가 견디지 못하고 울음을 터트리기도 했다는 일화도 전해진다. 고통에도 불구하고 그는 처음부터 끝까지 꼼꼼하게 작업했고, 그 결과 걸작이라는 평을 듣는 앨범이 만들어졌다.

바늘을 올리기 전에

멋지게 차려입은 데이트를 계획하고, 저녁 식사를 하러 가기 전에 이 앨범을 턴테이블에 건다. 물론 식사 후에 틀어도 된다. 칵테일을 두 잔 준비하고, 뺨과 뺨을 맞대고 춤을 출 준비를 한다.

맨해튼 Manhattan

칵테일 **맨해튼**에 대해 무슨 할 말이 있을까? 곡주와 포도주 최초이자 최고의 결합. 술의 바하 무반주곡. 모든 칵테일을 지배하는 칵테일! 시나트라를 들으며 이 술을 마시면 시간과 장소를 느끼는 숭고한 감각이 깨어난다. 오랜 세월에 걸쳐 수많은 입술이 이 클래식의 매력을 맛보았다. 잔 안을 들여다보면 **맨해튼**은 언제나 속삭인다. '당신은 혼자가 아니에요.'

호밀 위스키 60ml
스위트 베르무트 30ml
앙고스투라 비터스 2대시
체리(장식용)

재료를 얼음과 함께 저은 다음, 칵테일 잔에 걸러 붓는다. 체리로 장식한다.

턱시도 칵테일 Tuxedo Cocktail

마티니(33쪽)의 변형판인 이 클래식은 베르무트 대신 셰리를 사용하여 기분 좋은 견과 맛을 낸다. 이 술의 이름은 한때 저지 시 외곽 턱시도 파크에 계획되어 만들어진 화려한 공동체에서 따 왔다. 1886년 이 마을 남자 몇 사람이 자기 정장의 꼬리를 잘라 냈는데 이것이 '턱시도'였다. 턱시도 파크에서 유래한 칵테일은 '턱시도족'이 이용한 월도프 아스토리아 바의 주요 메뉴 중 하나가 되었다.

진 60ml
피노 셰리 30ml
오렌지 비터스 1대시
레몬 껍질(장식용)

재료를 얼음과 함께 저은 다음, 차게 식힌 칵테일 잔에 걸러 붓는다. 레몬 껍질로 장식한다.

프로듀서: 보일 길모어 Voyle Gilmore   레이블: Capitol

| 1959 | 아티스트:
마일스 데이비스 Miles Davis | 앨범:
Kind of Blue | 장르:
재즈, 쿨 재즈 | 언제 틀까?:
처음 보는 여인의 눈에 띄고자 할 때 |

MILES
KIND OF BLUE

앨범 해설

역사상 가장 많이 팔리고 가장 영향력이 큰 이 재즈 음반은 생각에 잠기게 하는 걸작으로, 분위기가 있고 우수에 차 있으며 낭만적이다. 한번 들으면 잊히지 않는다. 발매 당시 『Kind of Blue』는 정해진 틀의 코드 변화를 넘어서는 즉흥 연주가 바탕이 되는 완전히 새로운 소리를 내놓았다. 그때까지 데이비스가 들려준 비밥 재즈를 벗어나 미지의 영역으로 나아갈 길을 보여 주었다. 뉴욕에서 이틀 동안 몇 차례 만에 녹음을 끝낸 이 앨범은 완벽한 녹음의 순간을 애수 속에 간직하고 있다. 빼어난 아름다움과 감성의 여정이며, 세련된 삶을 위한 배경 음악 삼아 종종 틀어 둘 수 있는 음반이다.

바늘을 올리기 전에 훈제 아몬드, 절인 올리브, 딱딱한 양젖 치즈 덩어리 등 품격 있는 간식거리를 준비한다. 그런 다음 조명을 어둡게 하여 여유를 감각적으로 즐길 준비를 한다.

A 범블 비
Bumble Bee

거품이 풍부한 데다 쉽게 넘어가는 이 칵테일은 재즈 연주자를 꿈꾸는 사람의 사랑을 얻는 확실한 수단이다. 찰스 베이커Charles H. Baker가 『남아메리카 신사의 벗The South American Gentleman's Companion』(읽어 봄 직하다)에 기록한 여행에서 유래한 클래식 칵테일로, 호화로우면서 아주 약간 자극적인 맛이 있다. 느긋하게 그 부드러운 맛을 음미하자.

- 다크 럼 60ml
- 신선한 라임 주스 22ml
- 허니 시럽 30ml(꿀과 물 1:1)
- 달걀 흰자 15ml

재료를 얼음과 함께 세게 흔든 다음, 칵테일 잔에 걸러 붓는다.

B 마르티네스
Martinez

이 앨범은 언제나 어떤 세련미를 강조하는 용도로 사용되어 왔다. 약간의 칵테일 역사만큼 여러분을 돋보이게 만드는 것은 없다. **마르티네스**를 보라! 사실 칵테일이라기보다 술의 한 양식이며, 여기서 **마티니**가 탄생했다. 현대의 **마티니**와 그보다 더 오래 된 동기간인 **맨해튼**을 잇는 다리라고 생각하자. 처음에는 옛 네덜란드 스타일인 예네버르 진으로 만들었을 가능성이 높으며, 오늘날에는 (더 달콤한) 올드 톰 진이 들어가는 때가 많다. 세련되고 섬세한 칵테일이다. 이 칵테일을 알고 마시는 사람이라면 칵테일 클럽 멤버 중에서도 박식하고 세련된 사람이라 할 수 있다. 물론 잠자리에서도 뛰어날 것이 분명하다.

- 올드 톰 진 60ml
- 스위트 베르무트 30ml
- 마라스키노 리큐어 1작은술
- 오렌지 비터스 2대시
- 레몬 트위스트(장식용)

재료를 얼음과 함께 저은 다음, 차게 식힌 칵테일 잔에 걸러 붓는다. 레몬 트위스트로 장식한다.

프로듀서: 테오 마세로Teo Macero, 어빙 타운센드Irving Townsend   레이블: Columbia

The Beach Boys
Pet Sounds

아티스트: 비치 보이스
 The Beach Boys
앨범: Pet Sounds
장르: 록, 팝, 사이키델릭 록
언제 들을까?: 진한 페팅 때…
 그야, '펫 사운즈'니까!

1966

앨범 해설

풍부한 분위기를 체험하게 하는 『Pet Sounds』는 태양 숭배와 경이로움이 가득한 매우 낭만적인 세계를 선보인다. 브라이언 윌슨Brian Wilson이 사상 최고의 록 앨범을 만들겠다는 생각으로 곡을 쓴 이 음반은 춤출 수 있는 팝과 록의 시대로부터 본격적으로 들을 거리를 위한 음악으로 옮겨 가는 분수령이 되었다. 보컬 하모니와 음향 효과가 가득한 이 화려한 음반이 처음 발매되었을 때 어마어마한 성공을 거두지 못했다는 사실은 상상하기가 어렵다. 「Hang on to Your Ego」와 「Wouldn't It Be Nice」는 지금 클래식이 되어, 여름날 젊은 연인들의 순수함을 떠올리게 한다. 찢어진 청바지와 샌들을 꺼내라.

바늘을 올리기 전에

해변용 담요와 코코넛 로션 같은 것으로 캘리포니아 분위기를 낸다. 갈 데까지 가고 싶으면 침대 곁에 야자수 화분을 줄지어 놓고 연인에게 작디작은 종이 우산을 걸친 칵테일을 건넨다.

SIDE A 피냐 콜라다 Piña Colada

몽환적이고 감미로운 이 칵테일은 적어도 1960년대 초부터 침실로 이어지는 길의 윤활제 역할을 해왔다. 약간 단순하기는 해도 만족스럽기 그지없는 맛과 질감을 주는 **피냐 콜라다**의 관능적 매력은 부인할 수 없다. 이 칵테일을 마신다는 것은 낙천적이며 기꺼이 경솔해질 수 있는 사람이라는 뜻이다. 한 걸음 더 나아가고 싶으면 여기에 천일염을 한 꼬집 넣어 단맛을 상쇄시킨다.

라이트 럼 75ml
앙고스투라 비터스 1대시
신선한 파인애플 주스 90ml
코코넛 크림(코코 로페즈) 30ml
파인애플 웨지(장식용)

재료를 1컵 정도의 얼음과 함께 섞은 다음, 차게 식힌 콜린스 잔이나 허리케인 글라스에 부어 내놓는다. 파인애플 웨지로 장식한다.

SIDE B 워터멜론 쿨러 Watermelon Cooler

잔 속의 석양일까? 연인과 함께 뒤로 드러누워 바닷가에 있는 것처럼 키스를 나눈다.

라이트 럼 60ml
쿠앵트로 15ml
신선한 라임 주스 15ml
심플 시럽 15ml(213쪽 참조)
수박 1컵(씨를 빼고 잘게 썬다)
라임 휠(장식용)

재료를 1컵 정도의 얼음과 함께 섞는다. 맛을 보면서 필요하면 라임이나 심플 시럽을 더 넣는다. 온더락 잔이나 와인 잔에 붓는다. 라임 휠로 장식한다.

프로듀서: 브라이언 윌슨   레이블: Capitol

THE doors

아티스트: 도어스 The Doors **앨범:** The Doors (1967) **장르:** 록, 사이키델릭 록 **언제 틀까?:** 사이키델릭한 외박

앨범 해설 도어스는 올더스 헉슬리 Aldous Huxley가 쓴 책 『지각의 문 Doors of Perception』에서 따온 이름이고, 헉슬리는 이를 윌리엄 블레이크 William Blake의 시에서 가져왔다. 햇살 가득한 로스앤젤레스에서 새로 결성된 로큰롤 밴드치고는 충동적이고 어둡다. 도어스의 이 데뷔 앨범은 그리스 신처럼 생긴 리드 싱어가 기타를 안고 읊조리는 모습을 선보이는 한편 「Light My Fire」, 「Break on Through (to the Other Side)」, 「The End」 등 이들의 가장 유명한 노래를 다수 수록하고 있다. 시적이고 음울한 이 하드록 앨범은 라이브 공연의 원초적 느낌을 간직하며, 여러 노래를 모으기만 한 것이 아니라 하나로 완성된 앨범이다. 단조로 이루어진 사이키델릭한 걸작으로서, 깔끔하고도 산뜻하면서 황홀하게 취한 느낌을 준다.

바늘을 올리기 전에 전등갓에 스카프를 걸치거나 라바 램프를 켜 분위기를 잡는다. 이것은 거실 바닥에 베개를 놓고 누워 듣기 좋은 음반이다.

SIDE A

위스키 데이지 Whiskey Daisy

자자, 다음 위스키 바는 어디야! 이것은 도어스가 베르톨트 브레히트Bertolt Brecht의 『서푼짜리 오페라』에 나오는 「Alabama Song」을 부르는 것을 들으며 마실 술이다. **위스키 데이지** 레시피는 수없이 많고 내용도 가지각색이다. 어떤 것에서는 트리플 섹이나 그랑 마니에르를 필요로 하고, 또 어떤 것에서는 그레나딘 시럽을 사용한다. 초기 레시피 중에는 소다를 쓰지 않는 것이 많고 그래서 약간 시큼한 칵테일이 만들어진다. 또는 거품이 있는 다른 재료를 쓴다. 또는 또 다른 재료를 쓴다. 그리하여 우리는 우리 나름의 데이지를 소개한다.

위스키 60ml
신선한 레몬 주스 30ml
쿠앵트로 30ml
심플 시럽 ½작은술(213쪽 참조)
클럽 소다 30ml
오렌지 슬라이스(장식용)
민트 가지(장식용, 선택)

소다를 뺀 나머지 재료를 얼음과 함께 흔든 다음, 차게 식힌 콜린스 잔에 잘게 부순 얼음을 채우고 그 안에 걸러 붓는다. 그 위에 소다를 붓는다. 오렌지 슬라이스와 (원할 경우) 민트 가지로 장식한다.

SIDE B

비주 Bijou

비주는 '보석'을 가리키는 프랑스어이며, 이 칵테일에 이 이름이 붙은 것은 영롱한 색깔 때문이다. 원래는 빨간색 스위트 베르무트로 만들지만, 우리는 비안코 베르무트(달콤한 화이트 베르무트)를 써서 예쁜 초록색으로 만든 것을 좋아한다. '올바른' 레시피는 아니지만 우리는 이것을 개량판이라고 생각한다. 프랑스어 시에 대한 모리슨Jim Morrison의 관심은 하나의 전설이다. 심지어 그는 파리에 있는 페르 라셰즈 묘지에 묻혀 있다. 우리는 클래식 프랑스 칵테일 중 아마도 가장 멋진 이 마실거리로 그를 기린다.

진 45ml
그린 샤르트뢰즈 22ml
비안코 베르무트 30ml
오렌지 비터스 2대시

재료를 얼음과 함께 저은 다음, 차게 식힌 칵테일 잔에 걸러 붓는다.

프로듀서: 폴 로스차일드 Paul A. Rothchild   레이블: Elektra

Songs of Leonard Cohen

1967

아티스트: 레너드 코언 Leonard Cohen
앨범: Songs of Leonard Cohen
장르: 포크, 포크 록
언제 틀까?: 주말 동안 오두막 나들이

앨범 해설

신비로우면서 선율이 깊은 이 노래들은 술과 함께 들을 때 본격적으로 위로가 되는 음악이다. 코언은 시인이자 일종의 식도락가였다. 그래서 자세히 들으면 빵이나 와인, 꿀, 차, 오렌지 같은 것이 가사에 나온다. 이것은 마음을 달래 주는 음악이다. 자동차 짐칸에 레코드 플레이어를 챙기고, 개와 고양이를 데리고, 오랜 연인 또는 새로 사귄 사람과 함께 숲으로 가자. 겨울(「Winter Lady」)과 벌벌 떠는 에스키모가 여러 번 언급되는 이 앨범은 약간은 우울하지만 아늑하기 그지없기 때문에 여러분이 주말 여행 때 가지고 가려고 찾던 바로 그 앨범일지도 모른다.

바늘을 올리기 전에

울 담요를 꺼내고 장작 난로에 불을 붙이자. 또는 소나무 향이 나는 양초로 그런 기분을 내자.

블러드 앤 샌드 Blood and Sand

스카치로 만드는 최고의 칵테일 중 하나인 이 클래식의 이름은 루돌프 발렌티노 Rudolph Valentino가 투우사로 나오는 같은 이름의 1922년 영화 제목에서 가져왔다. 체리 헤링이 '피'로 등장하는 이 칵테일은 재료의 단순한 결합을 넘어 투우사의 붉은 망토를 날려 버리는 조합이다. 스카치를 마시지 않는 사람도 좋아한다(맛을 볼 때까지 스카치라는 것을 알리지만 않으면 된다). 코언은 섹스와 죽음 그리고 엄숙함의 화신이다. 그리고 이것은 거기 어울리는 술이다.

스카치 45ml(우리는 탈리스커를 좋아한다)
체리 헤링 22ml
스위트 베르무트 22ml
신선한 오렌지 주스 30ml
오렌지 껍질(장식용)

재료를 얼음과 함께 흔든 다음, 차게 식힌 칵테일 잔에 걸러 붓는다. 오렌지 껍질로 장식한다.

화이트 레이디 White Lady

코언은 여인을 좋아했고, 그래서 그의 노래에는 자매, 성인, 연인들이 많이 등장한다. 거품이 이는 술을 따라 「Sisters of Mercy」를 위해 잔을 든다. 끝 곡에서 코언이 휘파람을 불기 시작하고 노래 끝마무리에서 '라라' 하며 목소리를 짜낼 때 여러분은 마지막 한 모금을 이 칵테일로 마시고 싶을 것이다.

진 45ml
쿠앵트로 22ml
신선한 레몬 주스 22ml
진한 심플 시럽 15ml(설탕과 물 2:1)
달걀 흰자 30ml
레몬 트위스트(장식용)

재료를 얼음과 함께 세게 흔든 다음, 차게 식힌 칵테일 잔에 걸러 붓는다. 레몬 트위스트로 장식한다.

프로듀서: 존 사이먼 John Simon   레이블: Columbia

간식거리!

오두막 주말 수프 Cabin Weekend Soup

좋은 느낌을 여기서 충전한다. 이 부드러운 수프는 코언이 차와 와인, 오렌지를 노래한 데에 착안했다. 오렌지 제스트와 마지막에 레드 와인을 조금 뿌리는 것은 그 때문이다. 우리는 주말 나들이 때 싸 가기 쉽도록 재료의 가짓수를 간단하게 만들었다. 이 수프와 함께 덩어리 치즈와 빵, 레드 와인을 준비하면 훌륭한 조합이 된다.

4인분

베이컨(또는 판체타) 2줄(대충 썬다)
중간 크기 양파 1개(썬다)
샐러리 1대(썬다)
마늘 3쪽(다진다)
말린 타임 ½작은술
훈제 파프리카 1작은술
닭고기 육수 950ml
말린 월계수 잎 1개
큰 고구마 1개(껍질을 벗겨 깍둑썬다)
대추방울토마토 2개(썬다)
병아리콩 1캔(425g, 물은 버린다)
시금치 잎 1½컵(포장된 것)
레드 와인 2큰술
천일염(조미용)
신선한 오렌지 제스트(장식용)

중간 크기 냄비에 베이컨을 넣고 센불에 얹어, 갈색으로 변하기 시작할 때까지 3분 정도 익힌 다음, 중불로 줄이고 양파와 샐러리를 넣는다. 부드러워질 때까지 3분 정도 살짝 볶은 다음 마늘과 타임, 파프리카를 넣는다. 간간이 저어 가며 3~4분 정도 익힌다. 닭고기 육수, 월계수 잎, 고구마, 토마토, 병아리콩을 넣고 끓인다. 불을 줄이고 15분 동안 또는 포크로 고구마를 찔러 들어갈 때까지 보글보글 끓인다. 소금과 함께 내놓기 몇 분 전에 시금치와 와인을 넣는다. 오렌지 제스트로 장식한다.

Hot Buttered Soul
ISAAC HAYES

아티스트: 아이작 헤이스 Isaac Hayes   **앨범:** Hot Buttered Soul (1969)
장르: 소울, 펑크, R&B   **언제 틀까?:** 직접 준비한 스파 나이트
프로듀서: 알 벨 Al Bell, 마벨 토머스 Marvell Thomas, 앨런 존스 Allen Jones   **레이블:** Enterprise

앨범 해설

이것은 스택스 레코드사가 애틀랜틱과 결별한 뒤에야 현실화한 앨범으로, 소울 음악의 거대한 이정표에 해당한다. 헤이스의 첫 번째 앨범은 잘 팔리지 않았고 그래서 다시 제작자로 돌아가기로 했는데, 스택스의 사장 알 벨이 갑자기 새 음반의 창작과 관련된 전권을 헤이스에게 맡겼다. 진하게 감미로운 현악기, 휘몰아치는 R&B 기타, 재즈 드럼, 헤이스의 부드러운 목소리가 이 앨범에 화려함을 부여한다. 전체적으로 넘치도록 호화로운 느낌을 주는 이 앨범은 그 느낌을 파티나 로맨틱한 저녁 시간으로 이어 나갈 수 있는 완벽한 음반이다.

바늘을 올리기 전에

마스크 팩, 향기 나는 로션, 푹신한 가운, 흰 양초까지 완벽하게 준비한다. 그리고 눈에 얹을 오이 슬라이스도 잊지 말도록. 한 걸음 더 나아가고 싶으면 족욕도 준비한다.

SIDE A
핫 버터드 럼 Hot Buttered Rum

달콤하고 따뜻하며 부드럽고 편안하게 만들어 주는 이 클래식은 오늘날 추운 계절에만 마시는 칵테일 되었다. 그렇지만 원래는 연중 아무 때나 즐겼다. 저 갖가지 이국적 맛과 감미로운 버터의 질감이 얼마나 섹시한지 기억조차 나지 않는다. 확실히 차보다 뛰어나다.

다크 럼 60ml
부드러운 버터 작은 슬라이스 1개
흑설탕 1작은술
바닐라 익스트랙 조금
향신료(선택): 시나몬, 육두구, 올스파이스, 정향
뜨거운 물 120~180ml

따뜻하게 데운 머그잔 바닥에서 버터, 흑설탕, 향신료를 섞는다. 럼과 바닐라, 뜨거운 물을 붓는다. 젓는다.

SIDE B
부점 커레서 Bosom Caresser

이 칵테일은 『사보이 칵테일 북』에 나오며, 이름 자체만으로 클래식이 되었다. 오렌지 같은 맛이 혀를 즐겁게 한다. 그저 큐라소가 들어 있고 또 큐라소가 들어 있다는 점에 유의한다. 주류 판매점의 가장 아래 선반에 진열되어 있는 플라스틱 병에 든 싸구려 큐라소를 쓰면 싸구려 맛이 난다. 피에르 페랑의 드라이 큐라소를 강력히 권장한다. 광고가 아니다! 그리고 달걀 노른자를 두려워하지 말 것. 칵테일을 너무나 부드럽고 호화롭게 만들어 준다.

브랜디 45ml
오렌지 큐라소 22ml
그레나딘 시럽 1작은술(212쪽 참조)
달걀 노른자 1개

재료를 얼음과 함께 세게 흔든 다음, 차게 식힌 칵테일 잔에 걸러 붓는다.

AFTER THE GOLD RUSH NEIL YOUNG

아티스트: 닐 영Neil Young 앨범: After the Gold Rush (1970) 장르: 록, 컨트리, 포크 언제 틀까?: 쌀랑한 계절, 연인을 위해 저녁 식사를 준비할 때

앨범 해설 딘 스톡웰Dean Stockwell의 영화 각본에서 영감을 받고 그대로 이름을 붙인 영의 이 앨범은 크로스비, 스틸스, 내시 앤 영Crosby, Stills, Nash & Young의 『Déjà Vu』가 커다란 인기를 끌었을 때 뒤이어 발매되었다. 평론가들의 반응은 냉정했고 앨범이 서둘러 제작되었다는 느낌을 받은 사람이 많았다. 그렇지만 지금도 영의 걸작으로 남아 있으니, 엉성하다는 점 자체가 솔직하고 개인적이며 거부할 수 없게 다가온다는 느낌을 주는 것이다. 이 앨범은 히피 찬가에서부터 하드록인 「Southern Man」에 이르기까지 감정의 롤러코스터이다. 영의 애처로운 목소리와 일렉트릭 기타가 사랑과 상실 그리고 가슴 아플지언정 희망적인 아름다움을 찾으려는 내면의 성찰로 우리를 이끌고 들어간다.

바늘을 올리기 전에 집 주위의 쓰레기를 줍고, 식료품을 챙기고, 양초를 몇 개 켜 둔다. 당신은 할 수 있다.

SIDE A: 골드 러시 Gold Rush

균형이 잘 잡힌 맛있는 이 칵테일은 언제든지 떨림을 가라앉히는 술이다. 정말 마음에 들고 넘김이 좋은 칵테일이다. 뉴욕의 원조 밀크 앤 허니 바에서 티 제이 시걸T. J. Siegal이 만든 이 술은 현대의 클래식이 되었다.

버번 60ml
신선한 레몬 주스 22ml
허니 시럽 22ml(꿀과 물 1:1)

재료를 얼음과 함께 흔든 다음, 얼음을 채운 온더락 잔에 걸러 붓는다.

SIDE B: 캠프파이어 슬링 Campfire Sling

서늘한 날씨 맛이 가득한 이 칵테일이 로스앤젤레스에서 만들어졌다는 사실이 조금 우습기는 하다. 그러나 워터 그릴 레스토랑에서 케빈 펠커Kevin Felker가 만들어 낸 이 조합은 간단하여 누구나 쉽게 만들 수 있으므로 금방 익숙해질 것이다. 덤으로, 오렌지 껍질에 불을 붙이면 깊은 인상을 줄 것이 확실하다(방법은 81쪽 플레임 오브 러브 참조).

호밀 위스키 60ml
초콜릿 비터스 3대시
메이플 시럽 7.5ml
오렌지 껍질(장식용)

재료를 얼음과 함께 온더락 잔 안에 넣고 젓는다. 칵테일 위에서 오렌지 껍질에 불을 붙인다.

프로듀서: 닐 영, 데이비드 브릭스David Briggs, 켄들 파시오스Kendall Pacios 레이블: Reprise

BLUE

JONI MITCHELL

1971

아티스트	앨범	장르	언제 틀까?
조니 미첼Joni Mitchell	Blue	포크, 포크 록	카르마 정화

앨범 해설

이름이 「Blue」인 만큼 이 앨범은 온통 비 오는 날 같은 느낌이겠거니 생각할 수 있지만, 우울한 느낌이 조금 있기는 해도 수록곡들은 햇빛에 흠뻑 젖어 있다. 조니 미첼은 마치 새끼 고양이처럼 나직한 목소리로 1970년대를 울리면서, 향후 10년 동안 일과처럼 오후가 되면 와인에 취한 채 잘못된 남자를 사랑한다는 회한 서린 가사를 듣는 분위기를 만들었다('아빠'나 연상의 연인을 암시하는 노랫말이 들릴 때마다 한 모금씩 술을 마셔 보자. 우리가 이 앨범의 노래를 깊이 새겨듣는 것을 즐기는 이유는 이러할). 평론가들의 찬사를 받은 이 앨범에 수록된 곡은 하나하나가 미첼의 개인 소지품으로 가득한 서로 다른 색깔의 방처럼 느껴진다. 옛 편지, 꽃, 시, 손으로 뜬 스웨터, 프랑스 산 오드콜로뉴... 이런 것들이 노래 전체에 걸쳐 흩어져 있으면서 회한에 잠긴 내밀한 인물화를 만든다. 한없이 로맨틱한 기분이 들 때는 「Blue」를 듣는다.

바늘을 올리기 전에

이 앨범은 바닥에 빙 둘러 향을 피워 놓고 그 가운데 책상다리를 하고 앉아 즐기는 것이 가장 좋다. 누군가와 여행을 계획한다. 서로 큰 꿈을 공유한다. 비전 보드를 벽에 걸어 놓고 장래의 꿈을 거기에 스크랩한다.

SIDE A

산토리니 선라이즈 Santorini Sunrise

미첼의 노래 「Carey」는 그리스의 크레타 섬에서 쓴 것으로, 그곳에서 그녀는 1970년대 한동안 동굴에서 사는 히피 공동체와 함께 생활한 적이 있다. 음반에서 스티븐 스틸스 Stephen Stills가 베이스와 어쿠스틱 기타를 맡았고, 열광적인 덜시머는 미첼이 연주했다. 뉴욕에 있는 그리스 식 해물 식당 몰리보스에서 만들어진 이 칵테일을 홀짝이면서 콧노래로 따라 부르자. 재료의 조합이 희한하지만, 이 칵테일은 너무나 상쾌하고 맛있다. 참고: 여기에 클럽소다를 약간 더하면 매우 좋다.

우조 60ml
캄파리 30ml
신선한 핑크 자몽 주스 90ml
꿀 2작은술
핑크 자몽 휠 2개(4등분(모두 8개)하여 쪼갠다)
민트 잎 4개, 민트 가지(장식용) 1개

자몽 슬라이스 한 개만 남기고 나머지 재료를 모두 민트 잎, 꿀과 함께 콜린스 잔 안에서 짓이긴다. 얼음을 넣고 액체 재료를 넣는다. 젓는다. 남겨 둔 자몽 슬라이스와 민트 가지로 장식한다.

SIDE B

베리 상그리아 Mixed Berry Sangria

이 앨범에서는 와인과 밝은 빛깔이 배어들어 훌륭한 상그리아의 정수를 만든다. 여기에 아름다운 모양을 부여하려면 베리류 열매 몇 개와 민트 잎을 얼음 트레이에 얼려 두었다가 내놓기 직전에 이 상그리아 피처 안에 떨어뜨리면 된다.

4~6인분
체리 헤링 ½컵
라이트 레드 와인(보졸레나 피노 누아르 같은) 1병(750ml)
꿀 ¼컵
레몬 주스 60ml
블루베리 1컵
라즈베리 1컵
블랙베리 1컵
클럽 소다(조미용)

피처에 꿀과 체리 헤링을 넣고 섞는다. 와인과 레몬 주스, 베리를 넣고 젓는다. 그 위에 클럽 소다를 붓는다. 얼음을 넣어 내놓는다.

프로듀서: 조니 미첼　레이블: Reprise

WHAT'S GOING ON
MARVIN GAYE

1973

아티스트: 마빈 게이 Marvin Gaye 앨범: What's Going On
장르: 모타운, 펑크, 스무스 소울
언제 들을까?: 침대에서 아침 식사를 즐길 때

앨범 해설

부드럽고 따뜻한 목소리와 육감적인 에너지로 사랑을 받는 마빈 게이는 아침 식사에서 오렌지 주스를 뺄 수 없는 것처럼 모타운과 뗄 수 없는 관계이다. 그는 썸을 타는 상대에게 매력을 뽐내고 싶거나 난관에 빠진 로맨틱한 관계를 되살리려는 사람이라면 필수적으로 들어야 하는 가수이다. 마빈을 턴테이블에 올려 두고 나면 슬픔이나 공황 상태에 빠지기가 불가능하다. 발매된 뒤 2년간 베스트셀러에 올라 있었던 것도 당연하다. 희한한 사실: 타이틀곡은 원래 가스펠로 썼다가 시위 노래로 바뀌었다. 이 앨범은 지금도 여전히 엘피로 구할 수 있는 음반 중 가장 섹시한 슬로 비트의 하나로 꼽는다.

바늘을 올리기 전에

칵테일을 만들어 그녀의 방으로 가지고 간다. 더 이상은 생략한다.

SIDE A

소울 키스 넘버 2
Soul Kiss No. 2

이것은 1930년대부터 내려온 빈티지 칵테일로서 소울이 음악 운동이 되기 훨씬 전부터 존재했지만, 커네이디언 클럽 위스키와 신선한 오렌지 주스의 부드러운 조합은 꿈결 같은 아침이나 저녁 리스닝 파티의 시작으로 잘 어울리는 앙트레 같아 보인다. 프랑스에서 만드는 아페리티프인 루비색 뒤보네는 이 칵테일을 진하게 만드는 동시에 색깔을 부여한다. 오, 예에에.

커네이디언 클럽 위스키 60ml
드라이 베르무트 7.5ml
뒤보네 7.5ml
갓 짠 오렌지 주스 15ml
오렌지 슬라이스(장식용)

재료를 얼음과 함께 흔든 다음, 차게 식힌 칵테일 잔에 걸러 붓는다. 오렌지 휠 반 개를 그 위에 띄운다.

SIDE B

벨벳 해머
Velvet Hammer

우리는 일요일 아침이면 『What's Going On』를 즐겨 듣는데, **벨벳 해머**는 두 가지 이유에서 완벽하게 어울린다. 첫째, 가사를 들으면 게이가 그렇게나 달콤하게 읊조리는데도 거기에 진지하고 강력한 메시지가 담겨 있음을 알 수 있다. 둘째, 이 칵테일은 프렌치 토스트나 도넛과 함께 내놓을 때 놀랍다는 말로는 부족할 정도로 훌륭하다.

쿠앵트로 30ml
커피 리큐어 30ml
하프앤하프 크림 30ml(없으면 생크림과 우유 1:1)

재료를 얼음과 함께 흔든 다음, 차게 식힌 온더락 잔에 얼음을 넣고 그 위에 걸러 붓는다.

프로듀서: 마빈 게이 레이블: Tamala/Motown

간식거리!

아보카도 망고 토스트
Avocado Mango Toasts

달고 약간 매콤한 이 토스트는 당신이 침대에서 먹고 싶은 바로 그 음식이다. 게다가 달걀프라이와 베이컨보다 만들기가 훨씬 더 쉽다. 아침에 **소울 키스 넘버 2**(190쪽)와 함께 내 보자. 그리고 음반은 계속 틀어 두자!

2인분

익은 아보카도 2개
라임 반 개
천일염 ½작은술
구운 식빵 2장
익은 망고 1개(껍질을 벗기고 얇게 썬다)
훈제 파프리카 또는 빻은 고추

아보카도를 얇게 썰어 라임 주스, 천일염과 함께 버무린다. 토스트 위에 아보카도와 망고를 얹는다. 파프리카나 빻은 고추를 뿌린다.

GREATEST HITS

Al Green

아티스트: 알 그린Al Green   앨범: Greatest Hits (1975)   장르: 소울   언제 틀까?: 소울 메이트와의 데이트

앨범 해설

귀로 듣는 마약인 알 그린을 보라. 이 앨범은 알 그린의 히트곡 대부분을 모아 1975년 발매됐지만, 마음을 사로잡는 가성으로 노래하는 이 부드러운 소울 가수를 지금까지 여러 세대에게 소개하면서 그 자체의 생명력을 보여 주고 있다. 감미로운 현악기와 차분한 오르간 음악이 가득한 이 음반에서는 그리움과 성적 매력이 배어난다. 나른한 모임을 위한 음악이나 아니면 느린 춤을 추며 사랑을 나눌 때임을 알리는 신호로 완벽하다.

바늘을 올리기 전에

서로 마사지를 해 주거나, 저녁 식사를 함께 준비하거나,
시간을 내 서로의 눈을 들여다볼 준비를 한다.

SIDE A
행키 팽키 Hanky Panky

런던 사보이 호텔의 유명한 여류 바텐더 에이다 '콜리' 콜먼 Ada 'Coley' Coleman이 만든 클래식 칵테일인 행키 팽키는 페르넷브랑카 칵테일이라고 불리기도 한다. 오늘날에는 이 이름에 성적 의미가 함축되어 있지만, 당시에는 그냥 '흑마술'이라는 뜻이었다. 콜먼은 이것을 배우 찰스 호트리 Charles Hawtrey를 위해 만들었다. 둘 사이에 정확히 무슨 일이 있었는지 우리로서는 알지 못하지만, 이 관능적 칵테일이 모든 것을 말해 준다.

런던 드라이 진 45ml
스위트 베르무트 45ml
페르넷브랑카 7.5ml
오렌지 트위스트(장식용)

재료를 얼음과 함께 저은 다음, 차게 식힌 칵테일 잔에 걸러 붓는다. 오렌지 트위스트로 장식한다.

SIDE B
아크에인절 Archangel

이 앨범에는 종교적 함축이 매우 많고, 그래서 우리는 이 칵테일을 숭상한다. 왠지 이 칵테일에서는 알 그린이 떠오르고, 그래서 우리는 둘을 매번 서로 연관 짓는다. 뉴욕의 유명한 밀크 앤 허니 바의 마이클 매킬로이 Michael McIlroy와 리처드 보카토 Richard Boccato가 만들었다고 하는 이 술은 현대의 클래식이다. 오이 맛을 강조하고 싶으면 헨드릭스 진으로 만든다. 그렇지 않을 때 우리는 플리머스나 비피터 진을 즐겨 쓴다.

진 67ml
아페롤 22ml
오이 슬라이스 2개(12mm 두께로 자른다)
레몬 트위스트(장식용)

믹싱 글라스 바닥에서 오이를 짓이긴다. 진과 아페롤, 얼음을 넣는다. 젓는다. 차게 식힌 칵테일 잔에 걸러 붓고 레몬 트위스트로 장식한다. 참고: 씨가 있는 오이일 경우에는 두 번 걸러야 할 수도 있다.

프로듀서: 윌리 미첼 Willie Mitchell   레이블: Motown

SONGS IN THE KEY OF LIFE

STEVIE WONDER

1976

아티스트: 스티비 원더 Stevie Wonder
앨범: Songs in the Key of Life
장르: 소울, 재즈, 펑크, R&B **언제 들까?:** 키스 마라톤

앨범 해설

길고 방대한 이 두 장짜리 앨범은 진정한 음악 감상의 경험을 안겨 준다. 『Songs in the Key of Life』는 놀랍게도 스티비 원더의 18번째 정규 앨범이다. 그의 경력을 통틀어 가장 많이 팔리고 가장 많은 찬사를 받은 앨범이 되었고, 사상 가장 중요한 앨범 중 하나가 되기도 했다. 부드러운 것에서부터 황홀한 것, 나아가 깊이 감동을 주는 것까지 다양한 음악 스타일과 감정적 풍경을 통해 경외심을 불러일으키는 앨범이라는 표현이 어울린다. 이것은 예술적 표현이 그 정점에 다다른 모습이다.

바늘을 올리기 전에

두 장짜리 훌륭한 앨범이니만큼 끝까지 힘을 유지하기 위해 특대 사이즈의 칵테일을 준비한다. 건강한 마실거리이지 않은가. 편안하기 그지없으면서도 기운을 북돋아 주므로 운동을 마친 다음 듣기 매우 좋다.

SIDE A 그린 주스 칵테일 Green Juice Cocktail

이 칵테일을 거품 달걀 칵테일과 엮고 싶은 유혹도 있지만, 우리는 여기서 장시간에 걸친 음악 감상(총 21곡)을 위한 에너지가 되어 줄 이 마실거리로써 스티비 원더의 채식 생활을 기리고자 한다. 녹즙기를 꺼내고, 이 칵테일을 내놓을 때는 원더가 선택한 패션인 다시키 튜닉을 걸치자.

2인분 ||| 진 또는 데킬라 120ml | 시금치 2컵 | 껍질을 벗기고 깍둑썬 오이 2컵 | 샐러리 2대 | 강판에 간 생강 ½작은술
파슬리 가지 3개 | 푸른 사과 2개(심을 제거하고 깍둑썬다) | 레몬 1개의 주스

진 또는 데킬라를 뺀 나머지 재료를 합쳐 즙을 낸다. 온더락 잔 2개에 60ml의 진 또는 데킬라를 붓고, 앞서 만든 녹즙을 그 위에 붓는다.

SIDE B 스프링 필링 Spring Feeling

이것은 우리가 뭔가 드라이한 것을 원할 때 만드는 샤르트뢰즈 칵테일이다. 레시피가 믿기 어려울 정도로 쉽고 환상적이라, 엘피 애호가들의 무기 목록에서 뺀다면 우리로서는 서운해 견딜 수가 없다. 이 레시피는 1930년 판 『사보이 칵테일 북』에서 가져와 변형한 것이다. 이 앨범과 마찬가지로 화사하고 신선하며 생기를 불어 넣어 준다.

진 60ml | 그린 샤르트뢰즈 30ml | 레몬 주스 30ml

재료를 얼음과 함께 흔든 다음, 차게 식힌 칵테일 잔에 걸러 붓는다.

프로듀서: 스티비 원더   레이블: Motown

THE QUEEN IS DEAD

1986

아티스트: 더 스미스 The Smiths   앨범: The Queen Is Dead
장르: 얼터너티브 록, 포스트 펑크, 인디 록   언제 틀까?: 침대 속에서 즐기는 크로스워드

The Smiths

앨범 해설

까다롭고 사교적이고 박식하고 대놓고 실없는 분위기를 번갈아 연출하는 더 스미스의 세 번째 정규 앨범은 모리시Morrissey의 매혹적인 가사를 통해 듣는 이들이 그 안으로 들어가는 왁자지껄한 팝 풍경화이다. 반복해서 들을 가치가 있는 명상적인 음반이며, 더 스미스의 싱글 「Bigmouth Strikes Again」뿐 아니라 동지애에 바치는 위대한 송가인 「There Is a Light That Never Goes Out」도 선보인다. 영국의 음악 잡지 『뉴 뮤지컬 익스프레스 NME』의 평론가들은 이것을 높이 평가하며 비틀즈와 스톤스를 능가하는 역대 최고의 앨범으로 꼽았다. 찬사가 드높다 싶기는 해도, 더없이 대담하며 지성적인 면모가 분명하게 드러나는 만큼 꼭 틀린 평가라고는 할 수 없다. 연인에게 라일락 부케를 선물하고, 손을 잡고 편안하게 누워 감상하자.

바늘을 올리기 전에

사전과 믹싱 글라스를 챙기자. 그 밖에는 아무것도 필요하지 않다.

A

로열 핌스 컵 *Royal Pimm's Cup*

우리는 '일반 방식'의 핌스 컵에 진저 에일을 넣은 것을 좋아하지만, 여기서는 샴페인을 넣어 약간 더 화려하게 만들었다. 굴 요리를 파는 핌스 바 주인이 만든 이 칵테일은 진을 바탕으로 허브와 리큐어를 섞은 것이다. 그 자체로 균형이 잘 잡혀 있는 만큼 칵테일의 매력을 돋보이기 위해 여러 가지 수단을 동원할 필요가 없다. 핌스 컵은 마시기에도 보기에도 아름답다.

핌스 #1 60ml
오이 슬라이스 1개
오렌지 슬라이스 1개
딸기 1개(얇게 썬다)
샴페인 또는 스파클링 와인 90ml
민트 가지(장식용)

핌스와 오이, 과일을 콜린스 잔에 넣고 짓이긴다. 그 위에 얼음과 샴페인을 넣는다. 민트 가지로 장식한다.

B

오비추어리 *Obituary*

여왕이 서거하셨다. 여왕이시여 만세를 누리소서. 진 마티니를 초록빛 요정으로 업그레이드한 뉴올리언스의 클래식 칵테일인 이 마실거리라면 죽은 자라도 되살아날 것이 분명하다. 여기서 상쾌하고 깔끔한 진과 압생트의 식물 성분이 어우러져 입맛을 돋우는 잊지 못할 칵테일을 만든다. 사용하는 압생트에 따라 아름다운 초록빛을 띠게 만들 수도 있다. 이런 생각이 들 것이다. '세상이 바뀐 걸까, 내가 바뀐 걸까?'

진 60ml
드라이 베르무트 22ml
압생트 22ml

재료를 얼음과 함께 저은 다음, 차게 식힌 칵테일 잔에 걸러 붓는다.

프로듀서: 모리시, 조니 마 Jonny Marr   레이블: Sire

THE CURE
DISINTEGRATION

1989   아티스트: 더 큐어 The Cure   앨범: Disintegration   장르: 얼터너티브, 포스트 펑크, 드림 팝, 고딕 록
언제 틀까?: 서로 머리를 염색해 주며

SIDE A 더 큐어 The Cure

바텐더 지나 케르제바니Gina Chersevani가 워싱턴 디시의 PS7 레스토랑에서 일하던 시절 만든 이 술은 맥주로 만드는 칵테일의 훌륭한 예이다. 고통을 치료하는 효과가 있기 때문에 이 이름이 붙었다. 라이트 맥주와 레몬 주스, 생강이라면? 복통을 가라앉히고 숙취를 없애는 효과가 확실할 수밖에 없다.

> 도멘 드 캉통 진저 리큐어 30ml
> 밀러 하이 라이프 같은 라이트 라거 150ml
> 신선한 레몬 주스 15ml
> 신선한 생강 슬라이스 1개(장식용)

진저 리큐어와 맥주, 레몬 주스를 하이볼 잔에 얼음과 함께 넣고 젓는다. 진저 슬라이스를 잔 가장자리에 걸쳐 장식한다.

SIDE B 큐어 로열 Cure Royale

유서 깊은 키르는 카시스와 화이트 와인(정확히 말하자면 알리고테)으로 만든다. 키르 로열은 화이트 와인 대신 샴페인을 쓴다. 카디널은 레드 와인으로 만드는 키르이다. 우리는 레드 와인과 샴페인으로 만드는 카디널을 큐어 로열이라 즐겨 부른다. 여기까지 다 이해했으면 이제 멋진 마실거리를 만들어 보자.

> 크렘 드 카시스 30ml
> 라이트 레드 와인 90ml
> 샴페인 또는 스파클링 와인 60ml

와인 잔이나 샴페인 잔에 카시스와 와인을 넣는다. 그 위에 샴페인을 붓는다.

앨범 해설

더 큐어의 여덟 번째 정규 앨범은 우에 취해 만든 역자로, 그들이 원래 뿌리인 고딕과 글램으로 되돌아가 환상적으로 번쩍이는 꿈결은 클래시식을 전달한다.「Lovesong」, 「Pictures of You」, 「Fascination Street」등 그들이 가장 사랑하는 노래 몇 목을 선보이는 이 음반의 내향적이면서 울적하고 단조로운 소리를 들려 주며 듣는 사람을 일종의 낙담한 듯한 선율로 감싸 안는다. 그것은 위로가 되며, 그 독특한 분위기가 찬란하게 빛난다.

바늘을 올리기 전에

염색 재료를 담은 상자를 교환하고 신문지를 몇 장 간다. 또는 어지럽게 될 작업은 관두고 그냥 옛 시선들을 늘어다보며 예전의 머리 모양을 회상한다.

프로듀서: 데이비드 앨런David M. Allen, 로버트 스미스Robert Smith   레이블: FICTION

OK COMPUTER
RADIOHEAD

앨범 해설 바로 전 앨범인 『The Bends』가 라디오헤드의 본류라면, 기타가 주를 이루는 『OK Computer』는 이들이 자신의 예술성을 새로운 실험적 사운드로 밀어 올리고 세계적 스타로 자리매김한 작품이다. 뒤에 깔린 전자 배경음과 강렬한 소격 효과로 처음부터 끝까지 감각을 사로잡는다. 아마도 핑크 플로이드의 『The Dark Side of the Moon』 이후 청중과 철저히 연결되어 하나 된 느낌을 주는 앨범을 가지고 미지의 영역에 발을 들여 놓은 첫 밴드일 것이다. 이 앨범은 여전히 중요하며, 라디오헤드가 추상화와 파편화를 향해 더 나아간 시작점이다.

바늘을 올리기 전에 서로 잔을 내려놓고 편안한 자세를 취하자. 이 음반은 스카이프 데이트나 온라인 만남을 위해서도 완벽한 분위기를 연출해 준다.

아티스트: 라디오헤드 Radiohead   앨범: OK Computer (1997)
장르: 얼터너티브 록, 일렉트로닉, 브릿 팝   언제 틀까?: '아싸'끼리 어울릴 때

SIDE A

휘즈 뱅 Whizz Bang

이것은 인간의 불안이 기계화한 앨범이다. 그리고 이 클래식 칵테일은 제1차 세계 대전 때 사용된 고속탄 이름을 땄다. 이 고속탄에는 '휘즈-뱅'이라는 이름이 붙었는데, 휘 소리 다음에 폭발하기 때문이었다. 이름이 무섭기는 하지만 이것은 비교적 차분한 술이다. 본질적으로 **롭 로이**를 변형한 것으로, 그레나딘 시럽과 오렌지, 압생트를 첨가하면 멋진 술이 탄생한다. 참고: 2대시는 바스푼으로 반 정도에 해당한다.

스카치 45ml
스위트 베르무트 15ml
오렌지 비터스 2대시
압생트 2대시
그레나딘 시럽 2대시(212쪽 참조)

재료를 얼음과 함께 저은 다음, 차게 식힌 칵테일 잔에 걸러 붓는다.

SIDE B

퓨어 올드 패션드 Pu-erh Old Fashioned

이 앨범은 독특하지만 아늑한 점도 있다. 절망을 노래하지만 자기 관조적인 방식이다. 이 칵테일에서 우르-칵테일(올드 패션드. 다른 모든 칵테일의 시초가 되는 칵테일)은 이질적인 것이 되어 신기한 기쁨을 준다. 이 칵테일은 음식문화 작가 오텀 자일스 Autumn Giles의 것을 채택했다.

칵테일 1잔 용이지만, 차를 우린 버번은
4잔을 내기에 충분하다

보이차를 우린 버번
버번 1컵
보이찻잎 2큰술

칵테일
보이차를 우린 버번 60ml
앙고스투라 비터스 4대시
설탕 ½작은술
레몬 트위스트(장식용)

버번에 차를 넣고 2시간 동안 우린다. 버번을 거른다. 온더락 잔에 설탕과 앙고스투라를 넣고 짓이긴다. 차를 우린 버번과 얼음을 넣고 젓는다. 레몬 트위스트로 장식한다.

프로듀서: 나이절 고드리치 Nigel Godrich, 라디오헤드   레이블: Capitol, Parlophone

For Emma, Forever Ago

아티스트: 본 이베어 Bon Iver **앨범:** For Emma, Forever Ago
장르: 인디 포크, 인디 록 **언제 틀까?:** 모닥불가의 하룻밤

2007

앨범 해설

길지 않은 가사를 몽환적인 가성으로 부르는 매우 우울한 이 음반은 본 이베어의 데뷔 앨범으로, 천상의 음악처럼 들린다. 싱어 송 라이터인 저스틴 버논 Justin Vernon이 위스콘신의 어느 오두막에서 겨울 동안 홀로 지내면서 곡을 쓴 이 음반은 질병과 사는 동안 찾아오는 변화 그리고 상실(이별한 직후)을 승화하여, 외로움과 감정적 고통이 지대한 아름다움과 함께 퍼져 나오는 풍부한 음악적 풍경 안에 담는다. 버논은 데모 몇 곡을 만들 생각으로 악기를 모두 직접 연주하며 녹음했다. 그는 친구들의 강력한 권유에 따라 CD 500장을 발매했는데, 이것이 크게 화제가 되기 전에 잭재규워 레코드사가 이미 그를 발굴하여 계약을 맺었다. 앨범은 마침내 대중적 인기를 얻었지만 그렇다고 해서 그 강렬한 자기 성찰과 친밀한 느낌이 줄어드는 것은 아니다.

바늘을 올리기 전에

분위기를 단순하게 만들고 모든 것이 명상적이 되게 한다. 벽난로가 없으면 없는 대로 좋다. 그냥 아늑한 분위기를 만들기만 하면 된다. 소파로 얼마든지 편안하게 만들 수 있다.

프로듀서: 저스틴 버논 **레이블:** Jagjaguwar

SIDE A 라스트 워드 Last Word

금주법 시대의 술로서 원래 디트로이트에서 유래한 이 클래식은 시애틀에 있는 지그재그 카페의 저 유명한 바텐더 머리 스텐슨 Murray Stenson이 되살려 낸 것이다. 이 칵테일은 훌륭한 식물성 마실거리로서 속속들이 현대적 맛이 난다. 원래 레시피에서는 진과 샤르트뢰즈, 마라스키노를 같은 비율로 섞지만, 오늘날의 좋은 바에서는 차등을 두어 더 균형 잡힌 칵테일로 만든다. 이 조합은 본 이베어의 덧없는 분위기와 완벽하게 어울리며, 프랑스에서 외로운 수도사들이 만든 샤르트뢰즈는 이 앨범의 여유로운 소리 풍경과 잘 어울린다.

진 30ml
그린 샤르트뢰즈 22ml
마라스키노 리큐어 15ml
신선한 라임 주스 22ml
라임 트위스트(장식용)

재료를 얼음과 함께 흔든 다음, 차게 식힌 칵테일 잔에 걸러 붓는다. 라임 트위스트로 장식한다.

SIDE B 캐러부 Caribou

퀘벡의 추운 날씨가 더 따뜻하게 느껴진 적이 없는가? 이 마실거리의 거부할 수 없는 매력에 푹 빠질 마음의 준비를 하라. 때로는 얼음으로 만든 잔에 내는 이 칵테일은 북극의 원초적 냉기의 맛이다. 스키나 축제 등 겨울 야외 활동 때 주로 제공한다.

레드(또는 포트) 와인 90ml
호밀 위스키(또는 브랜디) 30ml
메이플 시럽 1대시

재료를 온더락 잔에 넣고 시럽이 잘 섞일 때까지 저어 준다. 얼음을 넣는다. 큰 덩어리 하나가 더 좋다.

CHAPTER 5
BAR CODE

바의 비전

집에서 근사한 칵테일을 만드는 법

달걀 칵테일을 두려워 말라

그레나딘 시럽을 완전히 직접 만들어 써야 하는 이유

심플 시럽의 모든 것

구비해 두면 좋은 바 기구

다수의 손님을 위해 대량으로 칵테일을 준비할 때

집에서 근사한 칵테일을 만드는 법

엘피 마니아가 음질과 재킷 디자인을 소중하게 여기듯, 칵테일 쪽에서는 맛과 미학을 중시한다. 바텐더 역할을 위한 벼락치기 수업이 필요하다면 이 장에서 그 시간을 줄일 수 있다. 어설픈 단계를 넘어서서 잘 배합된 칵테일을 직접 만들어 마실 수 있다면 참 좋을 것이다. 어쨌든 좋은 술을 만들 생각이라면 신선한 얼음과 차게 식힌 잔을 사용하는 것이 좋다. 이런 것이 왜 중요한지 아는 것에서 모든 차이가 시작된다. 그리고 — 단언하지만 — 몇 가지 간단한 기술을 터득하고 나면 여러분은 연인에게 더욱 사랑받을 것이다. 첫 키스와 마찬가지로 처음 마시는 진짜 칵테일은 누구도 잊지 못한다.

액체의 양을 계량한다

칵테일에서 균형은 모든 것의 시작이다. 재료로 쓸 액체는 계량컵으로 양을 측정한다. 눈대중은 금물이다. 회전 속도를 잘못 맞춘 상태로 트는 엘피가 얼마나 듣기 괴로운지 아는가? 안일한 생각으로 좋은 칵테일을 망치는 일은 제발 없기 바란다.

신선한 얼음을 준비한다

얼음은 자주 만든다. 그리고 정수한 물을 쓴다. 물에서 염소 맛이 나면 칵테일 맛이 떨어진다. 게다가 냉동실 안쪽 구석에 처박혀 있던 냉동 새우 같은 맛이 나는 오래된 얼음은 여러분의 사회생활에도 좋지 않다. 어렴풋이 해산물 냄새와 맛이 나는 칵테일을 마시고 싶은 사람이 누가 있을까? 냉동실 안에 둔 얼음에는 다른 맛이 배어들 수 있다. 그런 만큼 사람들을 파티에 초대할 때에는 얼음을 새로 얼리도록 하자.

팁: 실리콘 얼음 트레이는 훌륭하다. 우리는 큰 큐브를 만들 수 있는 특대형을 즐겨 사용한다. 얼음 큐브가 크면 느리게 녹고, 따라서 칵테일에 그만큼 물이 덜 섞인다.

진짜 과일을 사용한다

자존심이 있는 바텐더라면 누구도 플라스틱 레몬 병에 포장되어 나오는 것 같은 공장제 주스를 쓰지 않는다. 병으로 나오는 사워 믹스도 마찬가지이다. 물론 다들 알고 있겠지만.

장식은 장식으로 끝나지 않는다

시트러스 트위스트는 단순히 미학적 요소만은 아니다. 레몬이나 오렌지 껍질을 칵테일 위에서 잔 테두리를 따라 돌면서 꼬아 주면(올바른 기법), 실제로 껍질 속의 오일이 분출되어 그 향미가 작은 폭풍우처럼 칵테일 표면으로 쏟아지게 된다. 칵테일 위에 오일이 떠 있는 것을 볼 수 있다.

화려한 유리잔이 필요하지는 않다

그러나 차가운 술을 내놓을 때 잔을 차게 식히고, 뜨거운 술을 내놓을 때 머그잔을 데운다면 매우 좋다. 잔을 차게 식힐 때에는 냉동실에 몇 분 동안 넣어 둔다. 또는 샴페인 잔 몇 개를 냉동실 문 쪽에 보관한다. **핫 토디**나 술을 섞은 커피를 담을 머그잔을 데우려면 칵테일을 만들기 전에 미리 아주 뜨거운 물을 가득 부어 둔다.

증류주만 들어간 술은 젓는다

맨해튼과 **마티니**는 젓는다. 전적으로 리커만으로 만들어졌기 때문이다. 이런 술은 믹싱 글라스에서 (얼음을 ⅔만큼 채운 다음) 바스푼으로 20~30초 동안 젓는다. 목표는 술을 충분히 차게 만드는 동시에 얼음물이 전체의 ¼이 되게 만드는 것이다.

달걀, 우유 그리고(또는) 시트러스로 만드는 칵테일은 흔든다

이런 재료는 잘 흔들어 주어야 술과 섞인다. 셰이커에 먼저 얼음을 반보다 조금 더 되게 채운 다음, 나머지 재료를 넣는다. 바텐더는 가장 덜 비싼 재료를 먼저 넣는 쪽을 좋아한다. 그런 다음 셰이커 뚜껑을 덮고 — 새지 않도록 덮개를 완전히 채우고 — 8~12초 동안 흔든다. 마지막으로 준비된 잔에 걸러 붓는다.

달걀 칵테일을 두려워 말라

stereo

초창기의 칵테일 레시피 중에는 달걀이 필요한 것이 많았다. 실제로 달걀을 중요한 재료로 사용하는 칵테일 종류까지 따로 있다(플립, 노그, 피즈). 달걀은 깃털 같은 질감을 부여하고 진하게 만든다. 여기서 우리는 면역 체계에 문제가 있는 사람이라면 살모넬라균이 있을 가능성이 없지 않기 때문에 칵테일 안의 날달걀을 피하고 싶을 거라는 말을 하지 않을 수 없다. 그러므로 가장 좋은 방법 몇 가지와 쉽게 대체할 수 있는 것 몇 가지를 소개한다.

신선한 달걀을 쓴다

달걀은 사용하기 전에 항상 세제와 물로 가볍게 씻는다. 그리고 반드시 신선한 것을 사용한다. 우리는 유기농 달걀을 즐겨 쓰는데, 될 수 있으면 지역 농가에서 생산한 것을 고른다. 달걀은 크기가 다양하므로 흰자가 필요한 칵테일을 만들 때는 22ml만큼 계량하여 쓴다.

저온 살균한 달걀 흰자(살균 난백)

이것은 훌륭한 대체 재료이며, 많은 바에서 이것을 사용한다. 식품점의 냉장 식품 코너에서 '살균 난백'이라는 이름으로 종이팩에 포장된 저온 살균 달걀 흰자를 구할 수 있다. 흰자가 필요한 칵테일을 만들 때는 22ml만큼 계량하여 쓴다.

달걀 흰자 가루(난백 분말)

달걀 한 개분의 흰자에 해당하는 양은 난백 분말 2작은술과 물 30ml를 섞은 정도이다.

참고: 우리가 제일 좋아하는 달걀 칵테일을 시도하고 싶으면 **큐피드 칵테일**(81쪽)이나 **부점 커레서**(183쪽)를 만들어 보기 바란다.

시판되는 그레나딘 시럽은 끈적한 단맛에 빨간 색소가 많이 포함되어 있다(즉, 우리는 절대 쓰지 않는다). 원래 이 레시피는 석류로 만들었고, 칵테일에 이국적인 산미를 주는 용도로 고안되었다. 우리는 집집마다 전해 오는 여러 가지 조합을 실험한 끝에 마음에 드는 것을 찾아냈다. 많은 레시피가 레몬 주스를 사용하지만, 그보다는 라임 주스를 조금만 넣어도 뭔가 더 훌륭한 것이 만들어진다고 생각한다. 참고: 보드카나 버번을 30㎖ 넣으면 집에서 만든 그레나딘 시럽을 더 오랫동안 보존할 수 있다.

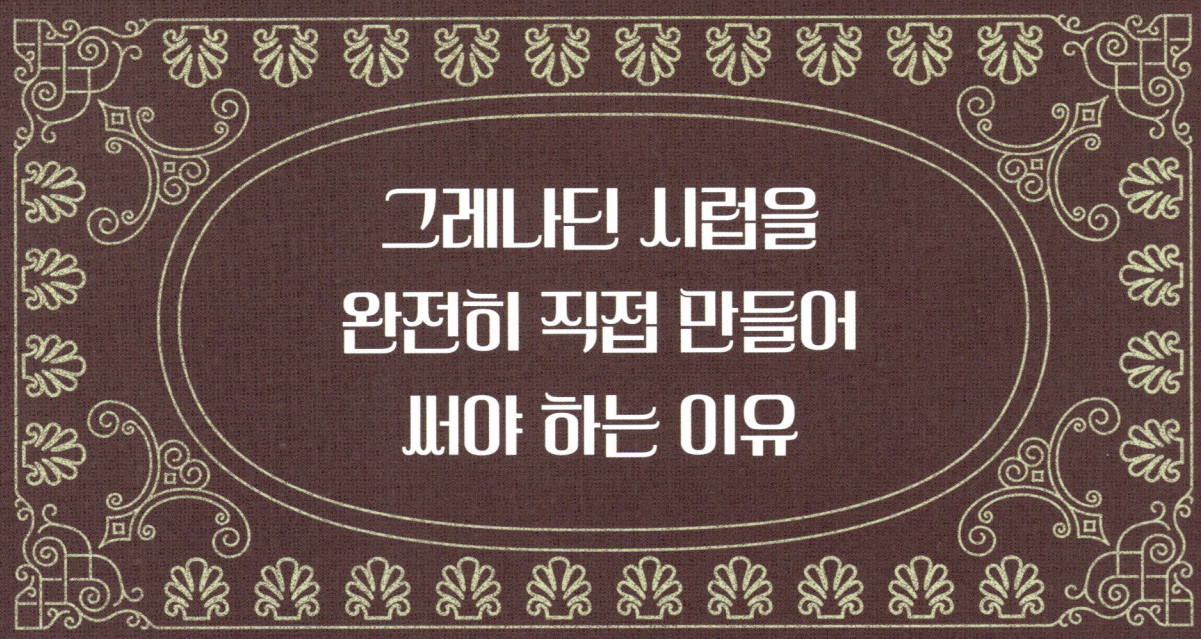

그레나딘 시럽을 완전히 직접 만들어 써야 하는 이유

석류 주스(POM 같은 것) 1컵(240ml)　　데메라라 설탕 1컵
오렌지 플라워 워터 2~3방울　　신선한 라임 주스 ½작은술

석류 주스를 작은 냄비에 붓고 설탕을 넣는다. 중약불에 올려 설탕이 녹을 때까지 3~4분 동안 저어 준다. 끓지 않게 주의한다(끓이면 신선한 맛이 사라진다). 냄비를 불에서 내려 그대로 식힌다. 그런 다음 오렌지 플라워 워터와 라임 주스를 넣는다. 그레나딘 시럽을 깨끗한 병에 부은 다음 잘 밀봉하여 냉장고에 두면 한 달 동안 보관할 수 있다.

심플 시럽의 모든 것

우리는 표백한 정제 설탕보다는 데메라라 설탕의 맛을 더 좋아한다. 데메라라는 정제하지 않은 설탕으로, 베이지 색이며 당밀이 약간 함유되어 있다. 이 설탕은 버번이나 럼처럼 색이 짙은 증류주 맛을 완벽하게 만들어 주지만, 우리는 그 밖의 다른 술도 맛있어진다는 것을 알아냈다. 물에 잘 녹지 않으므로 열을 가할 필요가 있다는 점을 알아 두자. 정제 설탕을 쓸 경우에는 따뜻한 물과 설탕을 1:1 비율로 병에 넣어 흔들기만 하면 녹을 것이다. 심플 시럽에 보드카 30㎖를 첨가하면 더 오래 보존할 수 있다.

심플 시럽

데메라라 설탕 1컵
물 1컵

작은 냄비를 중불에 올려놓고 물과 설탕을 1:1 비율로 섞는다. 설탕이 녹을 때까지 젓는다. 끓지 않게 한다. 냄비를 불에서 내려 식힌다.
시럽을 병에 넣고 잘 밀봉하여 냉장고에 두면 한 달 동안 보관할 수 있다.

구비해 두면 좋은 바 기구

현실적으로 생각하면 칵테일 잔 대신 유리병을 쓸 수도 있고 젓가락으로 저을 수도 있다. 누구나 그렇게 한 적이 있다. 그러나 사람들을 초대하여 한잔씩 즐기는 일이 비교적 잦다면 기본적인 칵테일 용품은 갖춰 두는 쪽이 편리하다.

지거: 가정에서 쓸 용도로는 용량이 한쪽은 30ml이고, 뒤집으면 45ml인 지거가 알맞다.

보스턴 셰이커: 세 부분으로 이루어진 코블러 셰이커보다 금속제 컵 두 개(또는 파인트 유리컵 1개와 금속제 컵 1개)로 이루어진 것이 더 좋다. 컵이 서로 꼭 맞는 구조이며, 맞물린 부분을 손바닥의 손목 쪽 부분으로 쳐 서로 각도가 어긋나게 만들면 분리할 수 있다. 약간의 연습이 필요하지만, 유튜브에서 시범을 찾아 보면 쉽게 따라 할 수 있다.

바스푼: 손잡이가 긴 숟가락으로, 믹싱 글라스 안의 술을 젓기 알맞다. 손잡이에 추가 달린 것을 구하면 그것으로 얼음을 깰 수 있다.

스트레이너(거르개): 칵테일 세계에서 스트레이너는 두 가지가 있는데, 호손과 줄렙이다. 흔든 술은 호손으로 거른다. 말린 스프링과 고정쇠가 있는 것이 호손이다. 이것으로 술을 거르면 얼음이나 짓이긴 잎 같은 고형물이 스프링에 걸린다. 줄렙 스트레이너는 국자에 구멍이 뚫린 모양이며, 원래는 **민트 줄렙**을 만들 때 사용했다. 믹싱 글라스 위에 쉽게 걸칠 수 있어서 깔끔하게 따를 수 있다.

시트러스 프레스(레몬 즙 짜개): 파티를 준비할 때 다량의 레몬이나 라임 주스를 짤 때는 손잡이가 달린 즙 짜개를 쓰면 가장 쉽다. 그리고 씨는 대부분 걸러 준다.

감자칼: 술을 트위스트로 장식하고 싶을 때, 과도를 능숙하게 다룰 수 있는 사람이 아니라면 Y자 모양의 일반 감자칼이 레몬이나 오렌지 껍질을 벗길 수 있는 가장 쉬운 방법이다. 날이 좁아 껍질의 흰 부분을 너무 많이 쥐지 않게 해 준다.

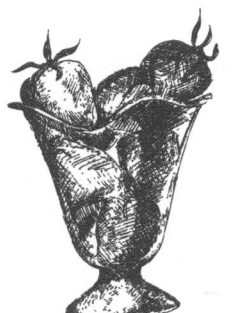
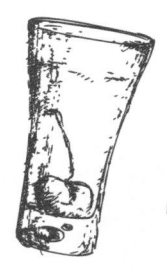
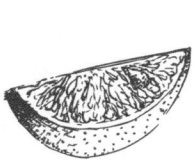
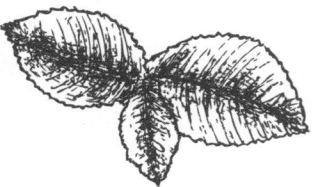

머들러: 민트 잎이나 시트러스 휠을 잔에 넣고 짓이길 필요가 있을 때 머들러가 있으면 오일이나 즙을 내기 편리하다. 우리는 처음에 이를 위해 나무 숟가락을 썼지만, 아무래도 효과는 그만 못했다. 니스가 벗겨져 술에 섞이는 머들러가 아니라, 포플러 등 맛에 영향을 주지 않는 나무로 된 것을 장만한다.

유리잔: 대형 마트에서 파는 거대한 유리 제품은 일단 조심한다. 리스닝 파티에서는 스템이 달린 칵테일 잔(마티니 잔)이나 쿠프 잔이 최고다. 얼음을 미리 섞은 다음 걸러 내는 칵테일에는 105~120㎖ 용량의 잔이 좋다. 얼음과 함께 내는 칵테일에는 온더락 잔(로우볼 또는 올드 패션드 잔이라고도 불린다)과 하이볼 잔(콜린스 잔이라고도 한다)을 쓴다. 할인 매장이나 중고품 가게는 잔을 장만하기 좋은 곳이다. 크기에만 주의하면 된다.

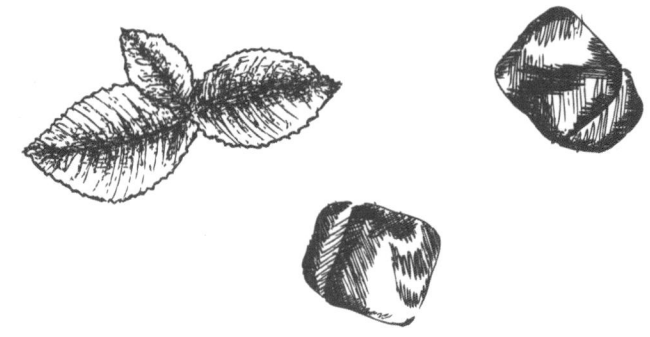

기타 유용한 도구: 도마, 과도, 얼음 통, 집게, 작은 거름망, 실리콘 얼음 트레이

다수의 손님을 위해 대량으로 칵테일을 준비할 때

피처 하나에 많은 양의 칵테일을 한꺼번에 만들 때에는 레시피에 얼음과 함께 흔들거나 젓도록 되어 있는 경우, 그 대신 물을 재료의 20%만큼 넣어 희석하면 된다. 그리고 내놓기 전에 충분히 차게 해 둔다.

시트러스 칵테일은 손님이 도착하기 직전에 만들기 시작한다. 시트러스 주스는 신선도가 금방 떨어지며, 증류주와 섞을 때 특히 더 그렇다. 따라서 한 피처 가득 **마르가리타**를 만들 때 풍미를 유지하려면 증류주는 미리 섞어 둔다. 그런 다음 손님이 도착하기 직전에 시트러스의 즙을 낸다.

찾아보기

ㄱ

가드너, 에바Ava Gardner, 169
가미카제Kamikaze, 45
가펑클, 아트Art Garfunkel, 112–113
간식거리
  레드 제플-로인, 24
  새우 양상추 말이, 163
  술꾼용 치킨 샌드위치와
    허니 아보카도 슬로, 101
  아보카도 망고 토스트, 191
  오두막 주말 수프, 181
  자주색 여신 드레싱을 곁들인
    별 세계 샐러드, 123
  티키 파티 믹스, 67
  펑크 록 티 파티 샌드위치, 65
갈리아노Galliano
  골든 캐딜락, 63
  하비 월뱅어, 61
감자칼, 214
갓파더 칵테일Godfather Cocktail, 59
거르개 ☞ 스트레이너
건즈 앤 로지스Guns N' Roses, 44–45
게이, 마빈Marvin Gaye, 188–191
계량, 209
골드 러시Gold Rush, 185
골든 캐딜락Golden Cadillac, 63
과일, 209
그랑 마니에르Grand Marnier
  문워크, 69
  좀비 #2, 69
그래스호퍼Grasshopper, 97
그레이하운드Greyhound, 100
그린 주스 칵테일Green Juice Cocktail, 195
그린, 알Al Green, 192–193
기네스 펀치, 자메이카Jamaican
  Guinness Punch, 138
길모어, 조Joe Gilmore, 69

ㄴ

나이트 트레인Night Train, 59
너바나Nirvana, 143–145
뉴욕 사워New York Sour, 127
뉴저지 칵테일New Jersey Cocktail, 25
뉴트럴 밀크 호텔Neutral Milk Hotel, 150–151

ㄷ

다이커리Daiquiri, 149
다크 앤 스토미Dark and Stormy, 39
달걀 칵테일, 209, 210–211
달걀 흰자 가루(난백 분말)
  powdered egg whites, 211
더 스미스The Smiths, 196–199
더 카스The Cars, 34–35
더 큐어The Cure (칵테일), 201
더 큐어The Cure, 200–201
더 클래시The Clash, 36–37
더 포그스The Pogues, 76–77
더리 마티니Dirty Martini, 33
데 라 소울De La Soul, 80–81
데메라라 설탕demerara sugar, 11, 213
데이비스, 마일스Miles Davis, 172–173
데이비슨, 카일Kyle Davidson, 159
데저트 더비Desert Derby, 140
데킬라tequila
  그린 주스 칵테일, 195
  데킬라 네그로니, 48
  데킬라 선라이즈, 20
  마르가리타, 102
  마타도르, 48
  에이시/디시 오픈 바, 41
  엘 디아블로, 140
  이클립스 칵테일, 122
  헬스 벨스, 41
도구, 214–215
도멘 드 캉통Domaine de Canton 진저 리큐어
  더 큐어, 201
도어스The Doors, 176–178
돼지고기 등심pork loin
  레드 제플-로인, 24
뒤보네Dubonnet
  소울 키스 넘버 2, 190
드리미 도리니 스모킹 마티니
  Dreamy Dorini Smoking Martini, 115
딜런, 밥Bob Dylan, 99, 126–127

ㄹ

라거lager
  더 큐어, 201
  롱 해피니스, 85
  섄디(인 어 캔), 135
라누아, 다니엘Daniel Lanois, 139
라디오헤드Radiohead, 202–203
라몬즈The Ramones, 28–31
라스트 워드Last Word, 205
라프로익Laphroaig
  갓파더 칵테일, 59
  드리미 도리니 스모킹 마티니, 115
래틀 스컬Rattle Skull, 45
런 디엠씨Run-D.M.C., 78–79
럼rum
  다크 앤 스토미, 39
  래틀 스컬, 45
  엔드 오브 더 월드, 36
  헬파이어 펀치, 23
럼, 골드gold rum
  에어메일, 113
럼, 다크dark rum
  마이 타이, 67
  멀드 사이다, 97

범블 비, 173
세인트 시실리어 펀치, 113
스톤 펜스, 111
플랜터스 펀치, 138
핫 버터드 럼, 183
럼, 라이트light rum
  다이커리, 149
  미셔너리 다운폴, 67
  미시시피 펀치, 100
  워터멜론 쿨러, 175
  좀비 #2, 69
  피냐 콜라다, 175
  피시보울, 156
  홀리 워터, 88
럼, 숙성aged rum
  올드 쿠반, 149
  좀비 #2, 69
럼, 앰버amber rum
  마이 타이, 67
럼, 화이트white rum
  리틀 데블, 79
  모히토, 130
  비치코머 칵테일, 130
  비트윈 더 시트, 71
  폴른 엔젤, 75
레드 와인 핫 초콜릿
  Red Wine Hot Chocolate, 122
레드 제플-로인Led Zep-Loin, 24
레드 제플린Led Zeppelin, 21–24
레몬 비터스lemon bitters
  프렌치 블론드 칵테일, 63
레몬 즙 짜개 ☞ 시트러스 프레스
레이디 가가Lady Gaga, 89–91
레이디 맥베스Lady Macbeth, 91
로열 핌스 컵Royal Pimm's Cup, 199
롤링 스톤스Rolling Stones, 18–20
롱 해피니스Long Happiness, 85

루신다 윌리엄스Lucinda Williams, 152-153
루이즈, 페페Pepe Ruiz, 81
리건, 게리Gary Regan, 75
리처즈, 키스Keith Richards, 20
리틀 데블Little Devil, 79
릴레 블랑Lillet Blanc
    프렌치 블론드 칵테일, 63

ㅁ

마돈나Madonna, 70-71
마라스키노 리큐어Maraschino liqueur
    라스트 워드, 205
    마르티네스, 173
    문라이트 칵테일, 107
    브루클린, 43
    비치코머 칵테일, 130
    아이스크림 플립, 105
    에이비에이션, 75
    옥스퍼드 콤마, 163
    이스트 인디아 칵테일, 102
    임프루브드 홀랜드 칵테일, 151
    코로네이션 칵테일, 27
마르가리타Margarita, 102
마르티네스Martinez, 173
마셜, 젠Jen Marshall, 71
마이 타이Mai Tai, 67
마타도르Matador, 48
막스 형제Marx Brothers, 27
매킬로이, 마이클Michael McIlroy, 193
맥엘혼, 해리Harry MacElhone, 79, 133
맥주beer
    더 큐어, 201
    래틀 스컬, 45
    롱 해피니스, 85
    보일러메이커, 25
    비어스 니스, 127
    샷 오브 제임슨 앤 어 하프, 77
    섄디(인 어 캔), 135
    요르시, 145
    자메이카 기네스 펀치, 138

잭 앤 코크(앤 쿠어스), 20
    ☞ 진저 비어
맨해튼Manhattan, 170
맹검, 제프Jeff Mangum, 150
머그잔 데우기, 209
머그잔mugs, 209
머들러muddler, 215
머큐리, 프레디Freddie Mercury, 27
멀드 사이다Mulled Cider, 97
멜론 볼과 민트를 가미한 화이트 상그리아
    White Sangria with Melon
    Balls and Mint, 88
모건테일러, 제프리
    Jeffrey Morgenthaler, 145
모히토Mojito, 130
무알콜 음료
    카 드라이버, 35
문라이트 칵테일Moonlight Cocktail, 107
문워크Moon Walk, 69
미셔너리스 다운폴Missionary's Downfall, 67
미시시피 펀치Mississippi Punch, 100
미첼, 조니Joni Mitchell, 186-187
민트 줄렙Mint Julep, 142
밀맥주Hefeweizen
    비어스 니스, 127
밀크 펀치(+쿠키)
    Milk Punch(with Cookies), 107

ㅂ

바 기구, 214-215
바스푼bar spoon, 214
발효 사과주hard cider
    스톤 펜스, 111
밥 말리 앤 더 웨일러스
    Bob Marley and the Wailers, 136-138
뱀파이어 위켄드
    Vampire Weekend, 162-163
버논, 저스틴Justin Vernon, 204
버번bourbon
    골드 러시, 185

뉴욕 사워, 127
미시시피 펀치, 100
민트 줄렙, 142
밀크 펀치(+쿠키), 107
버번 앤 브랜치, 135
버번 앤 커피, 153
버번(인 어 딕시 컵), 157
보일러메이커, 25
서퍼링 배스터드, 111
위스키 스매시, 31
페이퍼 플레인, 151
퓨어 올드 패션드, 203
핫 토디, 115
범블 비Bumble Bee, 173
베네딕틴 샴페인 컵
    Benedictine Champagne Cup, 118
베르무트, 드라이dry vermouth
    더티 마티니, 33
    브루클린, 43
    소울 키스 넘버 2, 190
    스완 칵테일, 85
    오비추어리, 199
    옥스퍼드 콤마, 163
    올드 팔, 133
    조이 디비전, 39
    코로네이션 칵테일, 27
    퀸즈 칵테일, 82
    피터 파이퍼, 79
베르무트, 비안코bianco vermouth
    비주, 178
베르무트, 스위트sweet vermouth
    데킬라 네그로니, 48
    마르티네스, 173
    맨해튼, 170
    뷰티 스폿, 71
    블러드 앤 샌드, 180
    진 앤 잇, 35
    퀸즈 칵테일, 82
    티퍼래리 칵테일, 77
    행키 팽키, 193
    휘즈 뱅, 203

베리 상그리아Mixed Berry Sangria, 187
베이커, 찰스Charles H. Baker, 173
벡Beck, 46-48
벨, 알Al Bell, 183
벨벳 언더그라운드
    The Velvet Underground, 106-107
벨벳 해머Velvet Hammer, 190
보드카vodka
    가미카제, 45
    그레이하운드, 100
    나이트 트레인, 59
    드리미 도리니 스모킹 마티니, 115
    롱 해피니스, 85
    엔드 오브 더 월드, 36
    요르시, 145
    젤로 샷, 31
    케이프 코드 쿨러, 163
    플레임 오브 러브, 81
    피시보울, 156
    하비 월뱅어, 61
    홀리 워터, 88
보드카, 후추pepper vodka
    피터 파이퍼, 79
보스턴 셰이커Boston shaker, 214
보위, 데이비드David Bowie, 32, 116-118
보일러메이커Boilermaker, 25
보카토, 리처드Richard Boccato, 193
보헤미안 칵테일Bohemian Cocktail, 27
본 이베어Bon Iver, 204-205
부에나 비스타 소셜 클럽
    Buena Vista Social Club, 148-149
부점 커레서Bosom Caresser, 183
뷰티 스폿Beauty Spot, 71
브라스 멍키Brass Monkey, 43
브라운, 잭슨Jackson Browne, 132-133
브라운, 제임스James Brown, 58-59
브랜디brandy
    그래스호퍼, 97
    래틀 스컬, 45
    미시시피 펀치, 100
    밀크 펀치(+쿠키), 107

부점 커레서, 183
브랜디 알레한드로, 91
사이드카, 82
새저렉, 142
샴페인 컵, 118
세인트 시실리어 펀치, 113
아이스크림 플립, 105
에이시/디시 오픈 바, 41
올드 패션드, 125
이스트 인디아 칵테일, 102
캐러부, 205
핫 토디, 115
헬파이어 펀치, 23
브루클린Brooklyn, 43
블랙 맨해튼Black Manhattan, 159
블러드 앤 샌드Blood and Sand, 180
블론디Blondie, 62–63
비스티 보이즈Beastie Boys, 42–43
비어스 니스Beers Knees, 127
비요크Björk, 84–85
비주Bijou, 178
비지스Bee Gees, 60
비치 보이스The Beach Boys, 174–175
비치코머 칵테일Beachcomber Cocktail, 130
비트윈 더 시트Between the Sheets, 71
비틀즈The Beatles, 102–103

ㅅ

사과 브랜디applejack
    뉴저지 칵테일, 25
사이드카Sidecar, 82
사이먼 앤 가펑클Simon & Garfunkel, 112–113
사이먼, 폴Paul Simon, 112–113
산토리니 선라이즈Santorini Sunrise, 187
삼부카, 블랙black sambuca
    헬스 벨스, 41
새우 양상추 말이Shrimp Lettuce Wraps, 163
새저렉Sazerac, 142
샌드위치, 65, 101

생제르맹 리큐어St-Germain liqueur
    보헤미안 칵테일, 27
    프렌치 블론드 칵테일, 63
샤르트뢰즈Chartreuse
    라스트 워드, 205
    뷰티 스폿, 71
    비주, 178
    스프링 필링, 195
    옥스퍼드 콤마, 163
    티퍼래리 칵테일, 77
샴페인Champagne
    레이디 맥베스, 91
    로열 핌스 컵, 199
    문워크, 69
    샴페인 컵, 118
    세인트 시실리어 펀치, 113
    에어메일, 113
    큐어 로열, 201
    폴른 엔젤, 75
    프렌치 75, 118
샷 오브 제임슨 앤 어 하프
    Shot of Jameson and a Harp, 77
섄디(인 어 캔)Shandy (in a Can), 135
서퍼링 배스터드Suffering Bastard, 111
세인트 시실리어 펀치
    St. Cecilia Punch, 113
세인트 엘리자베스 올스파이스 드램
    St. Elizabeth Allspice Dram
    플라넬 셔츠, 145
셰리, 드라이dry sherry
    큐피드 칵테일, 81
셰리, 아몬티야도amontillado sherry
    코로네이션 칵테일, 27
셰리, 피노fino sherry
    턱시도 칵테일, 170
    플레임 오브 러브, 81
소울 키스 넘버 2Soul Kiss No. 2, 190
술꾼용 치킨 샌드위치와 허니 아보카도 슬로
    Boozy Chicken Sandwiches with Honey and Avocado Slaw, 101
스눕 도기 독Snoop Doggy Dogg, 146–147

스미스, 토드Todd Smith, 159
스완 칵테일Swan Cocktail, 85
스카치Scotch
    갓파더 칵테일, 59
    블러드 앤 샌드, 180
    플라넬 셔츠, 145
    화이트 플러시, 133
    휘즈 뱅, 203
    ☞ 위스키
스콧, 본Bon Scott, 40
스타인, 크리스Chris Stein, 63
스텐슨, 머리Murray Stenson, 205
스톤 펜스Stone Fence, 111
스트레이너(거르개), 214
스프링 필링Spring Feeling, 195
스프링스틴, 브루스Bruce Springsteen, 25
시걸, 티 제이T. J. Siegal, 185
시나트라, 프랭크Frank Sinatra, 168–171
시락 애플Ciroc Apple
    탱커레이 넘버 텐 '레이드 백', 147
시타델 진Citadelle gin
    인터폴, 159
시트러스citrus, 209
시트러스 칵테일, 216
시트러스 프레스(레몬 즙 짜개)
    citrus press, 214
심플 시럽, 213

ㅇ

아마레토 리큐어amaretto liqueur
    갓파더 칵테일, 59
아마로amaro
    블랙 맨해튼, 159
    인터폴, 159
    페이퍼 플레인, 151
아메르 피콘Amer Picon
    브루클린, 43
아몬티야도 셰리amontillado sherry
    코로네이션 칵테일, 27
아베르나Averna

플라넬 셔츠, 145
아보카도 망고 토스트
    Avocado Mango Toasts, 191
아이리시 위스키Irish whiskey
    티퍼래리 칵테일, 77
아이스크림 플립Ice Cream Flip, 105
아크에인절Archangel, 193
아페롤Aperol
    아크에인절, 193
    이클립스 칵테일, 122
    페이퍼 플레인, 151
알이엠R.E.M., 141–142
압생트absinthe
    새저렉, 142
    스완 칵테일, 85
    압생트 프라페, 160
    오비추어리, 199
    임프루브드 홀랜드 칵테일, 151
    조이 디비전, 39
    휘즈 뱅, 203
앙고스투라 비터스Angostura bitters
    뉴저지 칵테일, 25
    데저트 더비, 140
    맨해튼, 170
    미시시피 펀치, 100
    블랙 맨해튼, 159
    새저렉, 142
    서퍼링 배스터드, 111
    스완 칵테일, 85
    스톤 펜스, 111
    올드 쿠반, 149
    올드 패션드, 125
    이스트 인디아 칵테일, 102
    임프루브드 홀랜드 칵테일, 151
    테네시 맨해튼, 153
    퓨어 올드 패션드, 203
    플라넬 셔츠, 145
    플랜터스 펀치, 138
    피냐 콜라다, 175
앨런, 이선Ethan Allen, 111
어 트라이브 콜드 퀘스트

A Tribe Called Quest, 82
얼음, 209
예네버르Genever
　임프루브드 홀랜드 칵테일, 151
에스프레소espresso
　나이트 트레인, 59
에어메일Airmail, 113
에이비에이션Aviation, 75
에이시/디시AC/DC, 40–41
에이시/디시 오픈 바AC/DC Open Bar, 41
엔드 오브 더 월드End of the World, 36
엘 디아블로El Diablo, 140
영, 닐Neil Young, 184–185
오두막 주말 수프
　Cabin Weekend Soup, 181
오렌지 비터스orange bitters
　데킬라 네그로니, 48
　마르티네스, 173
　브루클린, 43
　블랙 맨해튼, 159
　비주, 178
　코로네이션 칵테일, 27
　턱시도 칵테일, 170
　휘즈 뱅, 203
오비추어리Obituary, 199
오어텔, 제러미Jeremy Oertel, 163
오케이섹, 릭Ric Ocasek, 34
옥스퍼드 콤마Oxford Comma, 163
올드 잉글리시 800Olde English 800
　브라스 멍키, 43
올드 쿠반Old Cuban, 149
올드 패션드Old Fashioned, 125
올드 팔Old Pal, 133
와인, 레드red wine
　뉴욕 사워, 127
　레드 와인 핫 초콜릿, 122
　베리 상그리아, 187
　칼리모초, 160–161
　캐러브, 205
　큐어 로열, 201
와인, 로제rosé wine
　프로제, 105
와인, 모스카토moscato wine
　멜론 볼과 민트를 가미한
　 화이트 상그리아, 88
와인, 화이트white wine
　문라이트 칵테일, 107
와인하우스, 에이미
　Amy Winehouse, 160–161
요르시Yorsh, 145
우유, 209
우조ouzo
　산토리니 선라이즈, 187
워드, 알리Alie Ward, 79
워드, 필Phil Ward, 39
워터멜론 쿨러Watermelon Cooler, 175
워터스, 로저Roger Waters, 119
워홀, 앤디Andy Warhol, 18, 106, 107
원더, 스티비Stevie Wonder, 194–195
원드리치, 데이비드David Wondrich, 23
웨이츠, 톰Tom Waits, 124–125
웩슬러, 제리Jerry Wexler, 104
위스키whiskey
　뉴욕 사워, 127
　멀드 사이다, 97
　샷 오브 제임슨 앤 어 하프, 77
　소울 키스 넘버 2, 190
　시옴, 52–53
　에이시/디시 오픈 바, 41
　엔드 오브 더 월드, 36
　올드 패션드, 125
　위스키 데이지, 178
　위스키 생크리, 49
　잭 앤 코크(앤 쿠어스), 20
　제이머 앤 진저, 125
　테네시 맨해튼, 153
　☞ 호밀 위스키; 스카치
윌리엄스, 행크Hank Williams, 134–135
윌슨, 브라이언Brian Wilson, 175
윌코Wilco, 154–157
유리잔, 209, 215
유투U2, 139–140

음식☞ 간식거리
이글스Eagles, 128–131
이노, 브라이언Brian Eno, 139
이스트 인디아 칵테일
　East India Cocktail, 102
이클립스 칵테일Eclipse Cocktail, 122
인터폴Interpol (칵테일), 159
인터폴Interpol, 158–159
임프루브드 홀랜드 칵테일
　Improved Holland Cocktail, 151

ㅈ

자메이카 기네스 펀치
　Jamaican Guinness Punch, 138
자일스, 오텀Autumn Giles, 203
자주색 여신 드레싱을 곁들인 별 세계 샐러드
　Astral Salad with Purple
　 Goddess Dressing, 123
잔을 차게 식히는 법, 209
장식, 209
재거, 믹Mick Jagger, 20
잭 앤 코크(앤 쿠어스)
　Jack and Coke (and Coors), 20
잭슨, 마이클Michael Jackson, 68–69
저온 살균한 달걀 흰자(살균 난백)
　pasteurized egg whites, 211
제이머 앤 진저Jamo and Ginger, 125
젤로 샷Jell-O Shots, 31
조이 디비전Joy Division, 38–39
조이 디비전The Joy Division (칵테일), 39
존스, 브라이언Brian Jones, 18
존슨, 로버트Robert Johnson, 98–101
존슨, 브라이언Brian Johnson, 40
좀비 #2Zombie #2, 69
줄렙 스트레이너(거르개)julep strainer, 214
증류주 젓는 법, 209
지거jigger, 214
진gin
　그린 주스 칵테일, 195
　더티 마티니, 33

라스트 워드, 205
롱 해피니스, 85
리틀 데블, 79
마르티네스, 173
문라이트 칵테일, 107
보헤미안 칵테일, 27
뷰티 스폿, 71
비어스 니스, 127
비주, 178
서퍼링 배스터드, 111
스완 칵테일, 85
스프링 필링, 195
아크에인절, 193
에이비에이션, 75
에이시/디시 오픈 바, 41
오비추어리, 199
옥스퍼드 콤마, 163
인터폴, 159
임프루브드 홀랜드 칵테일, 151
조이 디비전, 39
진 앤 잇, 35
진 앤 주스, 147
진 토닉, 36
콥스 리바이버, 33
퀸즈 칵테일, 82
탱커레이 넘버 텐 '레이드 백', 147
턱시도 칵테일, 170
톰 콜린스, 61
프렌치 75, 118
프렌치 블론드 칵테일, 63
행키 팽키, 193
화이트 레이디, 180
진저 리큐어ginger liqueur
　더 큐어, 201
진저 비어ginger beer
　다크 앤 스토미, 39
　서퍼링 배스터드, 111
　엘 디아블로, 140
　제이머 앤 진저, 125
　피시보울, 156

ㅊ

체리 브랜디cherry brandy
  헬파이어 펀치, 23
체리 헤링Cherry Heering
  베리 상그리아, 187
  블러드 앤 샌드, 180
  이클립스 칵테일, 122
초콜릿 비터스chocolate bitters
  캠프파이어 슬링, 185

ㅋ

카 드라이버Car Driver, 35
카르다마로Cardamaro
  인터폴, 159
카터, 론Ron Carter, 82
카펜터, 메리 채핀
  Mary Chapin Carpenter, 153
칵테일 기술, 208–216
칵테일 흔드는 법, 209
칵테일을 대량으로 만들기, 216
칼리모초Calimocho/Kalimotxo, 160–161
칼바도스Calvados
  멜론 볼과 민트를 가미한
  화이트 상그리아, 88
캄파리Campari
  데킬라 네그로니, 48
  산토리니 선라이즈, 187
  올드 팔, 133
캐러부Caribou, 205
캐시, 조니Johnny Cash, 110–111
캠프파이어 슬링Campfire Sling, 185
커티스, 이언Ian Curtis, 38
커피 리큐어coffee liqueur
  벨벳 해머, 190
케르제바니, 지나Gina Chersevani, 201
케이프 코드 쿨러Cape Cod Cooler, 163
코냑Cognac
  비트윈 더 시트, 71
  헬파이어 펀치, 23
코로네이션 칵테일Coronation Cocktail, 27
코베인, 커트Kurt Cobain, 145
코언, 레너드Leonard Cohen, 179–181
코키 아메리카노Cocchi Americano
  콥스 리바이버, 33
콜먼, 에이다 '콜리'
  Ada 'Coley' Coleman, 193
콥스 리바이버Corpse Reviver, 33
쿠더, 라이Ry Cooder, 149
쿠앵트로Cointreau
  리틀 데블, 79
  마르가리타, 102
  벨벳 해머, 190
  비치코머 칵테일, 130
  비트윈 더 시트, 71
  사이드카, 82
  워터멜론 쿨러, 175
  위스키 데이지, 178
  조이 디비전, 39
  콥스 리바이버, 33
  화이트 레이디, 180
퀸Queen, 26–27
퀸즈 칵테일Queens Cocktail, 82
큐라소, 블루blue curaçao
  피시보울, 156
큐라소, 오렌지orange curaçao
  마이 타이, 67
  부점 커레서, 183
  아이스크림 플립, 105
  이스트 인디아 칵테일, 102
큐어 로얄Cure Royale, 201
큐피드 칵테일Cupid Cocktail, 81
크래독, 해리Harry Craddock, 100
크렘 드 망트crème de menthe
  그래스호퍼, 97
크렘 드 비올레트Crème de Violette
  에이비에이션, 75
크렘 드 카시스crème de cassis
  엘 디아블로, 140
  큐어 로얄, 201
크렘 드 카카오crème de cacao
  골든 캐딜락, 63
  그래스호퍼, 97
  브랜디 알렉한드로, 91
키르슈kirsch
  문라이트 칵테일, 107
킹, 캐럴Carole King, 114–115

ㅌ

탱커레이 넘버 텐 '레이드 백'
  Tanqueray No. Ten "Laid Back", 147
턱시도 칵테일Tuxedo Cocktail, 170
테네시 맨해튼Tennessee Manhattan, 153
테일러, 빈스Vince Taylor, 116
토라니 아메르Torani Amer
  브루클린, 43
토머스, 제리Jerry Thomas, 100, 151
토킹 헤즈Talking Heads, 66–67
톰 콜린스Tom Collins, 61
트라볼타, 존John Travolta, 60
트리플 섹triple sec
  가미카제, 45
  폴른 엔젤, 75
  홀리 워터, 88
트위디, 제프Jeff Tweedy, 156
티키 파티 믹스Tiki Party Mix, 67
티퍼래리 칵테일Tipperary Cocktail, 77

ㅍ

파티를 열 때의 팁, 11
팝, 이기Iggy Pop, 32–33
펑크 록 티 파티 샌드위치
  Punk Rock Tea Party Sandwiches, 65
페르넷브랑카Fernet-Branca
  행키 팽키, 193
페르노Pernod
  드리미 도리니 스모킹 마티니, 115
페이쇼드 비터스Peychaud's bitters
  보헤미안 칵테일, 27
  새저렉, 142
페이지, 지미Jimmy Page, 23
페이퍼 플레인Paper Plane, 151
펠리니, 페데리코Federico Fellini, 107
펠커, 케빈Kevin Felker, 185
포터porter
  래틀 스컬, 45
포트Port
  캐러부, 205
포트, 루비ruby Port
  레이디 맥베스, 91
  위스키 생거리, 49
폴른 엔젤Fallen Angel, 75
퓨어 올드 패션드Pu-erh Old
  Fashioned, 203
프란젤리코Frangelico
  나이트 트레인, 59
프랭클린, 아레사Aretha Franklin, 104–105
프레슬리, 엘비스Elvis Presley, 96–97
프렌치 75French 75, 118
프렌치 블론드 칵테일
  French Blonde Cocktail, 63
프로제Frosé, 105
프린스Prince, 74–75
플란넬 셔츠Flannel Shirt, 145
플랜터스 펀치Planter's Punch, 138
플레임 오브 러브Flame of Love, 81
피냐 콜라다Piña Colada, 175
피스코pisco
  멜론 볼과 민트를 가미한
  화이트 상그리아, 88
피시보울Fishbowl, 156
피치 브랜디peach brandy
  미셔너리스 다운폴, 67
피터 파이퍼The Peter Piper, 79
핌스 #1Pimm's #1
  로열 핌스 컵, 199
핑크 플로이드Pink Floyd, 119–123

ㅎ

하드스타크, 조지아Georgia Hardstark, 79
하비 월뱅어Harvey Wallbanger, 61

핫 버터드 럼Hot Buttered Rum, 183
핫 토디Hot Toddy, 115
해리, 데비Debbie Harry, 63
행키 팽키Hanky Panky, 193
헤이스, 아이작Isaac Hayes, 182–183
헬스 벨스Hell's Bells, 41
헬파이어 펀치Hellfire Punch, 23
호밀 위스키rye whiskey
   뉴욕 사워, 127
   데저트 더비, 140
   맨해튼, 170
   미시시피 펀치, 100
   브루클린, 43
   블랙 맨해튼, 159
   새저랙, 142
   올드 팔, 133
   캐러브, 205
   캠프파이어 슬링, 185
   ☞ 위스키
호손 스트레이너(거르개)
   hawthorne strainer, 214
홀리 워터Holy Water, 88
화이트, 메그Meg White, 49
화이트, 잭Jack White, 49
화이트 라이트닝 (문샤인)
   white lightning (moonshine)
   에이시/디시 오픈 바, 41
화이트 레이디White Lady, 180
화이트 스트라이프스
   The White Stripes, 49–53
화이트 플러시White Plush, 133
휘즈 뱅Whizz Bang, 203
흑맥주stout
   자메이카 기네스 펀치, 138
힐, 로린Lauryn Hill, 87–88

0

2가지 재료로 만드는 칵테일 레시피, 12
3가지 재료로 만드는 칵테일 레시피, 13

음반·책·영화 제목

3 Feet High and Rising
   (데 라 소울), 80–81
40 Greatest Hits(행크 윌리엄스), 134–135
After the Gold Rush(닐 영), 184–185
Appetite for Destruction
   (건즈 앤 로지스), 44–45
Artist, The, 71
Automatic for the People
   (알이엠), 141–142
Back in Black(에이시/디시), 40–41
Back to Black
   (에이미 와인하우스), 160–161
Blood on the Tracks(밥 딜런), 126–127
Blue(조니 미첼), 186–187
Born to Run(브루스 스프링스틴), 25
Bridge Over Troubled Water
   (사이먼 앤 가펑클), 112–113
Buena Vista Social Club
   (부에나 비스타 소셜 클럽), 148–149
Car Wheels on a Gravel Road
   (루신다 윌리엄스), 152–153
Cars, The(더 카스), 34–35
Chelsea Girls, 107
Closing Time(톰 웨이츠), 124–125
Dark Side of the Moon, The
   (핑크 플로이드), 119–123
Debut(비요크), 84–85
Disintegration(더 큐어), 200–201
Doggystyle(스눕 도기 독), 146–147
Dolce Vita, La, 107
Doors, The(도어스), 176–178
Elvis' Christmas Album
   (엘비스 프레슬리), 96–97
Fame Monster, The(레이디 가가), 89–91
For Emma, Forever Ago
   (본 이베어), 204–205
Greatest Hits(알 그린), 192–193
Hot Buttered Soul
   (아이작 헤이스), 182–183
Hotel California(이글스), 128–131

I Am Trying to Break Your Heart, 157
I Never Loved a Man
   (The Way I Love You)
   (아레사 프랭클린), 104–105
Idiot, The(이기 팝), 32–33
In the Aeroplane Over the Sea
   (뉴트럴 밀크 호텔), 150–151
In the Wee Small Hours
   (프랭크 시나트라), 168–171
IV(레드 제플린), 21–24
Johnny Cash at Folsom Prison
   (조니 캐시), 110–111
Joshua Tree, The(유투), 139–140
Kind of Blue(마일스 데이비스), 172–173
King of the Delta Blues Singers
   (로버트 존슨), 98–101
Legend(밥 말리 앤 더 웨일러스), 137–138
License to Ill(비스티 보이스), 42–43
Life, 20
Like a Virgin(마돈나), 70–71
Live at the Apollo(제임스 브라운), 58–59
London Calling(더 클래시), 36–37
Low End Theory
   (어 트라이브 콜드 퀘스트), 82–83
Lust for Life(이기 팝), 32–33
Miseducation of Lauryn Hill, The
   (로린 힐), 87–88
MTV Unplugged in New York
   (너바나), 143–145
Negative, 63
Nevermind(너바나), 145
Night at the Opera, A(퀸), 26–27
Odelay(벡), 46–48
OK Computer(라디오헤드), 202–203
Parallel Lines(블론디), 62–63
Pet Sounds(비치 보이스), 174–175
Purple Rain(프린스), 74–75
Queen Is Dead, The(더 스미스), 196–199
Raising Hell(런 디엠씨), 78–79
Ramones(라몬스), 28–31
Remain in Light(토킹 헤즈), 66–67

Rise and Fall of Ziggy Stardust and the
   Spiders from Mars, The
   (데이비드 보위), 116–118
Rum Sodomy & the Lash
   (더 포그스), 76–77
Running on Empty(잭슨 브라운),
   132–133
Saturday Night Fever
   (사운드트랙), 60–61
Sgt. Pepper's Lonely Hearts Club Band
   (비틀즈), 102–103
Songs in the Key of Life
   (스티비 원더), 194–195
Songs of Leonard Cohen
   (레너드 코언), 179–181
Sticky Fingers(롤링 스톤스), 18–20
Tapestry(캐럴 킹), 114–115
Thriller(마이클 잭슨), 68–69
Turn on the Bright Lights
   (인터폴), 158–159
Unknown Pleasures
   (조이 디비전), 38–39
Vampire Weekend
   (뱀파이어 위켄드), 162–163
Velvet Underground & Nico, The
   (벨벳 언더그라운드), 106–107
What's Going On(마빈 게이), 188–191
White Blood Cells
   (화이트 스트라이프스), 49–53
Yankee Hotel Foxtrot(윌코), 154–157

감사의 말씀

4년이 채 되지 않는 기간에 우리의 세 번째 책을 함께 쓸 수 있었던 것은 영광이자 특권이었습니다. 온라인에서 함께 술을 흔들고 젓기 시작할 때는 전문가로서 술을 계속 마실 기회가 (아니, 보상이!) 주어지리라고는 상상도 하지 못했습니다. 우리의 제안을 받아 주고 격려해 주고 우리의 아이디어를 이처럼 멋진 책으로 만들어 준 러닝 프레스에게 감사합니다. 편집자 신디 드 라 호스, 디자이너 조시 맥도널, 홍보 담당 세타 징크에게 큰 감사를 드립니다. 바늘 쪽을 눈여겨보아 준 에이미 윌리엄스에게 감사합니다. 눈의 즐거움을 위한 음악을 만들어 준 제이슨 바니와 크리스티 헌터에게 감사합니다. 이 작업이 음반이었다면 우리는 수록곡을 우리를 구원하고 뒷받침하고 영감을 준 아래 분들에게 바칠 것입니다. 소냐 달링턴, 말론 달링턴, 앨리스 피스터, 토드 스트레길, 마리사 돕슨, 마이크 랜더스, 티나 브레슬로, 올레그 류브너, 프레더릭 핸슨(디제이 파운데이션), 디제이 마이크 칼슨, 디제이 닉 나이스, 마이클 호로위츠(디제이 퍼지 덕), 제스 코너웨이, 프리디 존스턴, 듀크 에릭슨, 켄 피츠시몬스, 폴 크레스웰, 톰 베이커, 조·코니 데이비스, 엘리자베스 데이비스, 웨이드 해리슨, 미셸 제이더, 펜 젠슨, 모니크 휴스턴, 마이클 레이놀즈, 제럴드 로즈, 톰 크랜리, 켄 배커스, 브라이언 홀티너, 로버트 휘틀록, 케이틀린 콜버그, 데이비드 해먼드, 톰 루프, 크리스티 게나, 나타샤 니콜슨, 벤 그랜비, 제임스 '파이' 코윈, 트리스탄 갤러거, 제이 모랜, 에밀리 엘리스, 제프 버크, 에프 스토크스, 제프·자퀴 양키, 애디 주얼, 섀넌 베리, 젠 에드먼즈, 그랜트 헐리스, 제너비브 비시, 마에라지 시크, 멜로디 드위트, 아폴로 마르케스, 크리스 코멜로, 톰 밀러, 존 스카일러, 수전·조너선 리프, 론 랙서 매너, 앨런 인과 하이스트리트 호스피탤러티의 모든 분들, 조니 메들린스키와 마사의 굉장한 직원들, 더 키프의 패거리, 수 밀러, 마이크 제노, 매트 부다, 웬디 슈나이더, 알렉시스 시에먼스, 마리사 매클렐런, 어맨더 파이퍼, 조이 매닝, 스테프 파트리치오, 에이미 나이트, 필 채런과 싱크 컴퍼니의 모든 분들, 이스머스의 직원들, 디 브루노 브라더스의 직원들, 세인트 조지프 대학교의 영어학과, 필라델피아 로컬 호텔의 직원들, 자연스러운 손 모델인 타일러 위딕과 마이크 마수치.